U0922895

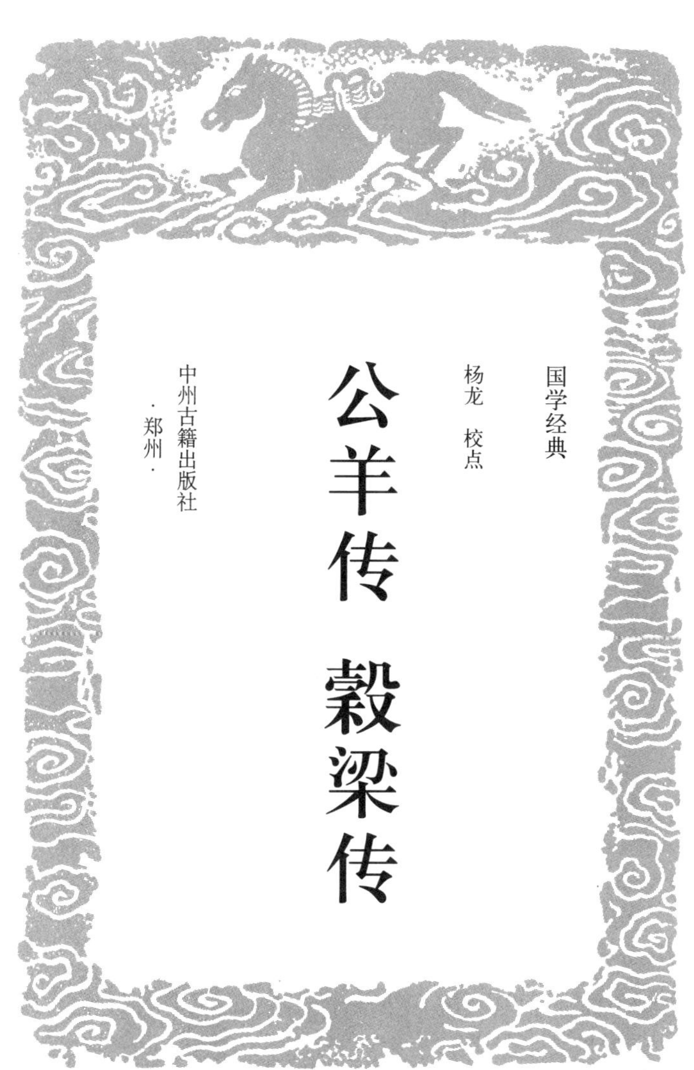

国学经典

杨龙　校点

公羊传　穀梁传

中州古籍出版社
·郑州·

图书在版编目（CIP）数据

公羊传　穀梁传 / 杨龙校点．—郑州：中州古籍出版社，2015．4（2021．9 重印）

（国学经典）

ISBN 978-7-5348-5233-6

Ⅰ．①公…　Ⅱ．①杨…　Ⅲ．①中国历史－春秋时代－编年体②《公羊传》③《穀梁传》　Ⅳ．① K225.04

中国版本图书馆 CIP 数据核字（2015）第 054058 号

GONGYANG ZHUAN　GULIANG ZHUAN

公羊传　穀梁传

责任编辑　刘　晓
责任校对　贾　群
美术编辑　曾晶晶
装帧设计　张　胜

出 版 社　中州古籍出版社（地址：郑州市郑东新区祥盛街 27 号 6 层　邮编：450016　电话：0371-65788693）
发行单位　河南省新华书店发行集团有限公司
承印单位　河南大美印刷有限公司
开　　本　640 mm × 960 mm　1/16
印　　张　21.75
字　　数　244 千字
印　　数　7 001—10 000 册
版　　次　2015 年 4 月第 1 版
印　　次　2021 年 9 月第 3 次印刷
定　　价　36.00 元

前言

孔子整理鲁国史官所记史事而成《春秋》，《春秋》遂成为中国历史上第一部编年体史书。不仅如此，孔子撰《春秋》而寄其微言大义，该书也成为后世研究儒家思想的经典著作。然而，由于《春秋》记事、叙述较为简略，故后世儒家多有专事解释《春秋》之著作出现，这些著作或丰富《春秋》之记事，或阐发《春秋》之微言大义，也形成了不同的学术流派。根据《汉书·艺文志》的记载，孔子《春秋》成书之后，史官左丘明又“论本事而作传”，其目的在于做到最为准确地传达孔子在此书中表达的思想，是为《春秋左氏传》。当然，由于各人理解上的偏差，后世也形成了对《春秋》的不同解释。到汉代初期为止，传《春秋》者主要有《公羊传》《穀梁传》《邹传》《夹传》四家，以及像《铎氏微》《张氏微》等影响较小、流传不广的流派，又有以疏解四家思想为主的《公羊章句》《穀梁章句》《公羊颜氏记》等著作。就学术发展状况而言，到汉代为止，《春秋》已经成为一门专门之学。

在解释《春秋》的诸家传疏当中，又以《公羊传》《穀梁传》和《左传》三家最为有名，三者合称为“《春秋》三传”。其中，《左传》主要详于记事，丰富了《春秋》一书对史事的记载，而其他二传则重在阐释《春秋》之义。虽然在某些具体的问题上还存在着争议，但一般多认为，《左传》属古文经，在刘向父子校定秘府藏书之时才为人所知，故《左传》为汉代学者所知，在时间上要晚于《公羊传》和《穀梁传》。《公羊传》和《穀梁传》为汉代以降的学者所传习、研诵。至唐代官方指定"九经"之时，二传被列为"九经"之一。南宋时期确立儒家的"十三经"中，《公羊传》和《穀梁传》仍旧位列其中。《公羊传》和《穀梁传》的论述构成了儒家思想的重要组成部分。以下，让我们对这两本儒家典籍作一个简单的介绍。

一、关于《公羊传》

一般认为，《公羊传》的作者为公羊高。《汉书·艺文志》著录了《公羊传》，称共有十一卷。班固于此书下自注："公羊子，齐人。"颜师古更进一步确定公羊子名高。因此，一直以来，常以公羊高为《公羊传》的作者。唐代学者徐彦在《春秋公羊传注疏》当中更进一步坐实《公羊传》的传承情况：

> 孔子至圣，观无穷，知秦无道，将必燔书，故《春秋》之说口授子夏。度秦至汉，乃著竹帛，故《说题辞》云："传我书者，公羊高也。"戴宏序云："子夏传与公羊高，高传与其子平，平传与其子地，地传与其子敢，敢传与其子寿。至汉景帝时，寿乃与其弟子齐人胡毋子都著于竹帛，与董仲舒皆见于图谶。"

徐彦引用东汉戴宏的说法，对《公羊传》的作者和传承情况进行了详尽的描述：孔子传《春秋》于子夏，子夏又传与公羊高，此后，《公羊传》遂以家学的形式在公羊氏家族中父子相传。然而，对于公羊高作《公羊传》一书的说法，后代学者也并不完全赞同。综合学者的意见，他们有以下两点反对意见。第一，根据相关记载，《穀梁传》的作者也是受《春秋》于子夏，二书作者不太可能同师而异说。第二，《公羊传》的作者和传授情况是于东汉戴宏的著述中所见，而西汉时期的史籍却无任何记载，一般来说，在知晓古事方面，后人不可能详于前人。第三，徐彦等在对《公羊传》的作者的确定方面，称孔子预知其人，故有相应的传授安排，这无疑是带有谶言纬语的分析，自不可信。

事实上，依据先秦古籍“众手成书”的一般规律，现代学者更倾向于认为《春秋公羊传》当出自多人之手，当然，公羊子的作用可能是比较主要的。根据上述戴宏的记叙，我们可以知道，《公羊传》自公羊高到公羊寿，历经六世，采取的均是口授方式。自到公羊寿之时，在汉代国家的支持之下，公羊寿才与其弟子胡毋子都将《公羊传》写成定本，著于竹帛。为凸显《公羊传》的权威性，公羊寿很可能在本书的作者和传承情况方面有所托附，而后来戴宏更将这种托附之事进一步坐实，这无疑会影响我们对本书作者的判定。更为重要的是，传中又有子沈子曰、子北宫子曰、子女子曰等，这些人也应该是传授《春秋》的经师。所以，《公羊传》应是在公羊高、沈子等儒家经师的共同传承中形成的，该书反映的是儒家一个分支学派的思想。

《公羊传》是对《春秋》的解释，重在阐释孔子编《春秋》时的贬恶扬善，点明《春秋》一书的微言大义。本书传文部分采取问答形式，在解释历史事实的同时，又着重阐明了儒家的礼仪规范和政治理念。经过历代学者的反复分析和深入发掘，《公羊传》的重要观念都得到了很好的清理和阐释，而这种观念阐释又反过来影响了历代学者的政治思想，并由此影响到历朝历代的政治运作。

《公羊传》开篇即提出“大一统”的思想，这是为历代政治思想家极为推重的观念。在解释《春秋》经文第一条“元年，春，王正月”时，本书是这样分析的：

> 元年者何？君之始年也。春者何？岁之始也。王者孰谓？谓文王也。曷为先言王而后言正月？王正月也。何言乎王正月？大一统也。

在这里，《公羊传》对经文的解释既有与《左传》和《穀梁传》相同之处，也有不同于二者之处，这就是“大一统”的提法。黄开国先生就指出，这一段传文强调“文王”“大一统”等概念，就是提倡一种政治理念，即以周代文王之政治为最高理想，希望在以文王为准则的政治规范和政治道德之下实现天下统一。显然，这里所谓的“大一统”不仅是要求天下形式上的统一，而且也为天下一统设立了最高政治规范。在其后对《春秋》经文的解释中，这一思想也贯彻始终，成为作者评判各国君主政治统治的标准。

当然，春秋战国以降社会政治形势的变化也影响着人们的思想。由于一些诸侯国的势力日益强大，他们渐渐脱离周天子之命，主导国际政治局势。周王朝的权威日渐削弱，诸侯的政治野心逐渐膨胀，所谓“礼失而求诸野”。在周天子与诸侯之间政治地位的这种微妙变化中，也带来了天下秩序的变迁。面对这种变化，《公羊传》对《春秋》的相关解释中一方面仍坚持周天子的权威，但同时也承认诸侯权势增长的客观事实，并肯定其积极意义。如僖公元年，齐、宋诸国率军救邢，《春秋》称齐师、宋师，对此，《公羊传》有如下解释：

> 曷为先言次而后言救？君也。君则其称师何？不与诸侯专封也。曷为不与？实与，而文不与。文曷为不与？诸侯之义不得专封也。诸侯之义不得专封，则其曰实与之何？上无天子，下无方伯，天下诸侯有相灭亡者，力能救之，则救之可也。

在此，《公羊传》一方面特别突出“诸侯之义不得专封”，这正是要凸显周天子对于诸侯的权威。但另一方面也指出，这种“不得专封”的书法仅仅体现在表面上，实际上它作为一种原则已经无法有效践行。尊重周天子的权威与承认诸侯权势之间看似存在矛盾，但这也正反映了《公羊传》在顺应时情上的合理变通。《公羊传》谓：“《春秋》何以始乎隐？祖之所逮闻也，所见异辞，所闻异辞，所传闻异辞。何以终乎哀十四年？曰：备矣！君子曷为为《春秋》？拨乱世，反诸正，莫近诸《春秋》。”所见、所闻、所传闻，这正是为后世公羊学家所阐发的“三世”观念。《公羊传》突出“三世”的差别，与其发展变化的观念是相适应的。

维护周王朝的权威地位，是《公羊传》始终坚持的政治理念。《公羊传》特别强调夷夏之辨，也是这一政治观念的扩展。《公羊传》在夷夏之辨方面同于孔子的观念，它总结《春秋》的观念：“《春秋》内其国而外诸夏，内诸夏而外夷狄。”严格区分诸夏与夷狄的等次彝伦和文化差异，其出发点正是凸显周王朝在文化上的权威地位。值得注意的是，与先秦儒家之“吾闻用夏变夷，未闻变于夷者”的观念不同，《公羊传》对于那些违背华夏礼仪规范和政治理念的行为以“夷狄之”。对于《公羊传》在华夷之辨的问题上坚决维护文化正统的思想，汪高鑫先生给予了积极评价，他认为《公羊传》的华夷观念更具开放性。当然，这种开放性并没有动摇其对正统性的维护。

《公羊传》这种维护正统性的同时又具有发展性和开放性的特征颇为鲜明，正因为此，《公羊传》也赢得了后代儒家学者的高度关注和积极研究。如前所述，自汉代初期，《公羊传》就有着完整的传承线索。随着时间的推进，《公羊传》的文本也一直得到有效的传承和研究。

在中国历史上，对于《公羊传》的传承和研究历经两个高潮时段。第一个时段是在两汉时期。汉武帝大兴儒术，《公羊传》则得以立为学官，有了更为稳定的传承环境。一批公羊学者相继兴起，他们为发扬《公羊传》的思想做出了重要贡献。汉武帝初期的董仲舒为第一位系统阐释《公羊传》的思想的学者。董仲舒向汉武帝献“天人三策”，申明《公羊传》的“大一统”思想。他又提出“三世”“三统”的概念，“三世”指所见世、所闻世、所见闻世，这属于历史发展的不同阶段；统则指纲纪，不同的时代有不同的治理方法，特征各异，“三统”则指上古三代之纲纪。董仲舒于此构建了一套完整的理论体系。“大一统”是其核心，张“三世”、通“三统”则是指时势变异，当顺时而动，积极改制。这一套理论体系本于《公羊传》的思想，即强调天下一统的必要性，又提醒统治者应注意把握形势，积极改易，其政治建构的意义昭然若揭。董仲舒的学说得到汉武帝的赏识，《公羊传》在《春秋》诸传中的地位也得以确立。两汉时代，《公羊传》成了学者研习的儒家典籍之一。东汉时代的何休为《公羊传》作注，进一步推进了“大一统说”和“三世说”。陈其泰先生指出，何休建构了一套包括“元气”“天”“天子政事”“诸侯治国”五位一体的“世界图式”，王位居中心，形成了“天—王—诸侯”这一层级性的权威决定模式。何休还进一步发挥“三世说”的时世变易的历史发展观。这些都使得《公羊传》渐为更多学者所接受。

汉代以后，《公羊传》虽然传承不辍，但公羊学的思想体系曾长期受到冷落。直到清代，公羊学才呈现出复兴的迹象。清代中期的乾嘉考据学专注于烦琐的考证，渐渐为学者所不满。清代晚期学者为寻求治理国家积弊的良策，转而提倡学术研究应以经世致用为原则，更主张改革图新。在这一社会思想的背景之下，《公羊传》的改易创制思想遂吸引了大批学者。一方面，清代学者如刘逢禄、凌曙等为《公羊传》重加训诂，阐述董仲舒、何休等汉代学者所发挥的“大一统”“三世”等义理。另一方面，一批关注时事，积极呼吁改革的学者如魏源、龚自珍等将《公羊传》的相关思想发展成政治学说，从中提炼出历史发展、社会变革等观念，为其政治主张寻求合理依据。近代学者康有为更对《公羊传》有着可称为转型性质的思想提升，将其与资产阶级的改革思想和价值观念相契合。

《公羊传》对《春秋》的阐释本就有着较为显著的创新性，而后世学者对《公羊传》的思想阐发则更进一步，将《公羊传》与现实政治的结合则是这些学者在阐释《公羊传》时的突出表现。

二、关于《穀梁传》

与《公羊传》一样，史籍中关于《穀梁传》的作者的信息并不多。《汉书·艺文志》著录《穀梁传》十一卷，其下班固自注曰：“穀梁子，鲁人。”颜师古则注明穀梁子名喜。如此一来，传统看法也多认为穀梁喜当是《穀梁传》的作者。不过，比照《公羊传》的成书和传授情况，我们也有理由认为《穀梁传》当也属于众手成书的情形。徐彦在《公羊传疏》中提到："穀梁亦是著竹帛者题其亲师，故曰《穀梁传》。"《穀梁传》的命名情况与《公羊传》正好相同。唐代杨士勋疏解《穀梁传》，对于该书的传承情况也有一简要介绍：

> 穀梁子名俶，字元始，鲁人，一名赤。受经于子夏，为经作传，故曰《穀梁传》。传孙卿，孙卿传鲁人申公，申公传博士江翁。

杨士勋在这段介绍中指出《穀梁传》的传承情况，但对于著者穀梁子的名字却与《汉书·艺文志》所载并不相同。这也说明后人所认定的传承线索并不一定属实。

《穀梁传》在先秦时期的传授情况我们难以悉知，不过仍有其他蛛丝马迹可以寻获。《四库全书总目提要》就注意到《穀梁传》中出现了"穀梁子曰"，著书者不当自引己说，这一点已经可以说明《穀梁传》的著者非一。《穀梁传》中也多次引用《尸子》，尸子名佼，系商鞅之师，商鞅被刑，尸佼避祸入蜀。可见，《穀梁传》的成书也不早于战国晚期。

在解经方式上，《穀梁传》同样采取了问答式的叙述方式。《穀梁传》关注的重点与《公羊传》一样，也是以阐发《春秋》之微言大义为宗旨。因此，在对某些问题的解释上，《穀梁传》与《公羊传》具有较为一致之处。如尊重周天子的权威、"以夏变夷"等思想。《公羊传》强调变易和改制，而《穀梁传》在内容上也有其独属的特点。我们略举数端。

首先，《穀梁传》重视对古代礼制的阐发。《穀梁传》多处提到各种礼仪制度，内容则涉及社会政治和日常生活的方方面面。如鲁庄公二十三年"丹桓公楹"，传文先引相关礼制："礼：天子、诸侯黝垩，大夫仓，士黈。”在明示这一等级性的礼制之后，传文随即指出庄公此举显然是不合礼制的。类似的记叙在书中常可得见。对礼制的重视，表明了《穀梁传》严守等级差别的儒家政治立场。同时，这些载于传文中的礼制文本也为研究古代社会思想、道德观念、政治理念等提供了宝贵的材料。

其次，《穀梁传》重视君臣关系的合理建构。鲁襄公十九年，晋大夫士匄率师侵齐，闻齐侯卒而还。《穀梁传》对此有所评述：

> 还者，事未毕之辞也。受命而诛生，死，无所知其怒。不伐丧，善之也。善之，则何为未毕也？君不尸小事，臣不专大名，善则称君，过则称己，则民作让矣。士匄外专君命，故非之也。然则为士匄者宜奈何？宜墠帷而归命乎介。

在此，《穀梁传》提出了“君不尸小事，臣不专大名”的命题，即国君对于军事行动等具体事务应不干涉，而大臣对于军队的战略规划则应受国君指挥。这一命题对于君臣功能和权威及其分界提出了明确的界定，这一界定既可以保证国君对臣民的有效控制，维护国君之权威，又可保证臣属在军事行动中有着较为充分的自决权，为战争的胜利提供保障。可以看到，这种君臣权力的定位是具有良好的灵活性和机动性的。

第三，《穀梁传》对于《春秋》“著以传著，疑以传疑”之精神加以肯定。《春秋》在记事之时，对于可信之材料，则作为可信的材料流传下去；对于那些值得怀疑却有难以遽断真伪的材料，也如实地流传下去。这是一种客观和审慎的著述态度，也成为后世史学研究的一条重要的准则。《穀梁传》对于这类材料都有明确的指示。如鲁桓公五年正月，陈侯鲍卒，《春秋》记其卒日为甲戌、己丑二日，对此，《穀梁传》曰：

鲍卒，何为以二日卒之？《春秋》之义，信以传信，疑以传疑。陈侯以甲戌之日出，己丑之日得，不知死之日，故举二日以包也。

在此，《穀梁传》首先指出《春秋》这一记载方式属于“疑以传疑”，接着解释《春秋》如此书写的原因，是因为不能确知陈侯鲍死亡的日期，为审慎起见，故将陈侯死亡的可能时日都加以记载，以便后世读者明悉事情之原委。显然，《春秋》的这一著述原则最大限度地保留了历史真相。《穀梁传》也在多处强调了《春秋》这一著述原则，并同样加以详细解释。从这一点上看，《穀梁传》对这一著述原则是深有体会，并加以肯定的。

第四，《穀梁传》也特别注重统治者施行仁政，反对使用武力。对于这一时期记载的自然灾害，《穀梁传》大体上注意详加评述。对于使用武力，《穀梁传》并不是一味反对，而是认为国家注意武备是应有之事，所谓“虽有文事，必有武备”，这正是《穀梁传》的态度。但是，《穀梁传》反对过度使用武力。如：“伐不逾时，战不逐奔，诛不填服。”这正反映了《穀梁传》对于国家之武力使用所秉持的一种合理态度。

当然，《穀梁传》在解释《春秋》经文方面还有诸多类似特点，我们不再赘述。《穀梁传》作者对《春秋》有着深刻的认识，通过《穀梁传》的解释，我们不仅可以对《春秋》形成更为深入的理解，对于认识先秦时期的社会、文化、思想、政治等也大有裨益。

《穀梁传》在先秦时期的传承情况已经不太明了，但从汉代初期开始，《穀梁传》的传授则出现一个高潮。如前所述，《汉书·艺文志》载汉代传《春秋》者有四家，其中《邹氏传》无师，《夹氏传》无书，二书未能流传，而《穀梁传》与《公羊传》则先后立于学官，广为传授。《穀梁传》的兴起，一批《穀梁传》经师的大力研习、传授起到了重要作用。汉代初期，《公羊传》大兴，并为统治者所重视，立于学官。汉武帝时，《穀梁传》大家瑕丘江公与董仲舒持论于朝廷，但由于江公口才拙讷，再加上当时以习《公羊传》而位至丞相的公孙弘偏助董仲舒，江公的学说未能得到汉武帝的接纳。到汉宣帝时，《穀梁传》逐渐得到统治者的重视。汉宣帝的祖父戾太子就喜好《穀梁传》，汉宣帝即位之后，又组织《穀梁传》学者荣广王孙、皓星公等与《公羊学》大家眭孟等论难，眭孟等常至理屈词穷。由此，《穀梁传》转而赢得学者的重视，汉宣帝并在朝中设立《穀梁传》博士，持续征聘各地《穀梁传》大家为博士，于中央官学讲论经义。《穀梁传》的这种兴盛局面一直持续不衰，到新莽时期，逐渐形成了《穀梁传》之尹、胡、申章、房氏诸分支学派，一时蔚为大观。

根据饶尚宽先生的分析，《穀梁传》在西汉中后期兴盛起来的原因，与汉宣帝以来欲改汉武帝时期之猛政，奉行宽政的政治思想有关，《穀梁传》中强调礼乐教化、仁德之治的观念显然与这一政治现实暗合。东汉以后，《穀梁传》未能立于学官。失去官方的支持之后，《穀梁传》先前那种在官、私之间广为兴盛的局面一去不返。当然，民间学者对《穀梁传》的研习并未因此而中辍。在解释《春秋》的三传之中，宋代学者胡安国称，“义莫精于《穀梁》”，这也是《穀梁传》得以在后世流行的重要原因。

三、几点说明

《公羊传》和《穀梁传》在一开始都是单行本，并无经文，以传附经的确切时间已经难以考知。我们今天所见的《公羊传》和《穀梁传》的文本，显然都是经传合一之后的文本。所以，为方便区分经文和传文，我们在文中将《春秋》经文和二传传文分开，并在传文前用符号标示，以方便读者阅读。

《公羊传》和《穀梁传》自传世以来，就得到诸多学者的研究和注疏。就《公羊传》而言，东汉经学家何休作《春秋公羊传解诂》，为《公羊传》制定义例。唐代学者徐彦为《公羊传》注疏，其中保存了不少唐前的相关注释。到了清代，对《公羊传》的注疏又达到一个新的高潮。如刘逢禄的《公羊春秋何氏解诂笺》《春秋公羊经何氏释例》，魏源《公羊古微》等。对《穀梁传》的注疏相对少一些。自汉宣帝以至魏晋时代，注《穀梁传》者仅有尹更始、孔衍、徐乾、胡讷、段肃等十余家，后范宁有感于各家注疏缺憾较大，遂集合同好，总结诸家所论，成《春秋穀梁传集解》一书，这是当时的集大成之作。范宁之后，徐邈也曾为之作注。到了唐代，杨士勋独力注疏范宁《集解》一书，是为《穀梁传》注疏的第二次系统整理。此后，也有一些学者曾为《穀梁传》注疏。

在众多的《公羊传》和《穀梁传》的注疏当中，无疑以清代阮元组织学者编撰而成的十三经注疏本最为重要。阮元等学者对十三经的注疏进行了系统整理，他们确定的版本也成为后来学者着重参考的本子。我们此次即以阮元的《十三经注疏》（中华书局 1980 年影印本）本为工作底本，在标点方面，主要参考了北京大学出版社 2000 年版的《十三经注疏》校点本及贵州人民出版社 1998 年版的《春秋公羊传全译》《春秋穀梁传全译》。

杨　龙

2013 年 3 月 25 日

目 录

公羊传

穀梁传

公羊传

隐公卷第一（起元年，尽元年）

元年，春，王正月。

◎元年者何？君之始年也。春者何？岁之始也。王者孰谓？谓文王也。曷为先言王而后言正月？王正月也。何言乎王正月？大一统也。公何以不言即位？成公意也。何成乎公之意？公将平国而反之桓。曷为反之桓？桓幼而贵，隐长而卑，其为尊卑也微，国人莫知。隐长又贤，诸大夫扳隐而立之。隐于是焉而辞立，则未知桓之将必得立也。且如桓立，则恐诸大夫之不能相幼君也，故凡隐之立为桓立也。隐长又贤，何以不宜立？立適以长不以贤，立子以贵不以长。桓何以贵？母贵也。母贵则子何以贵？子以母贵，母以子贵。

三月，公及邾娄仪父盟于眛。

◎及者何？与也，会，及，暨，皆与也。曷为或言会，或言及，或言暨？会犹最也，及犹汲汲也，暨犹暨暨也。及我欲之，暨不得已也。仪父者何？邾娄之君也。何以名？字也。曷为称字？褒之也。曷为褒之？为其与公盟也。与公盟者众矣，曷为独褒乎此？因其可褒而褒之。此其为可褒奈何？渐进也。眛者何？地期也。

夏，五月，郑伯克段于鄢。

◎克之者何？杀之也。杀之则曷为谓之克？大郑伯之恶也。曷为大郑伯之恶？母欲立之，己杀之，如勿与而已矣。段者何？郑伯之弟也。何以不称弟？当国也。其地何？当国也。齐人杀无知何以不地？在内也。在内虽当国不地也，不当国虽在外亦不地也。

秋，七月，天王使宰咺来归惠公仲子之赗。

◎宰者何？官也。咺者何？名也。曷为以官氏？宰士也。惠公者何？隐之考也。仲子者何？桓之母也。何以不称夫人？桓未君也。赗者何？丧事有赗。赗者，盖以马，以乘马束帛，车马曰赗，货财曰賻，衣被曰襚。桓未君则诸侯曷为来赗之？隐为桓立，故以桓母之丧告于诸侯。然则何言尔？成公意也。其言来何？不及事也，其言惠公仲子何？兼之，兼之非礼也。何以不言及仲子？仲子微也。

九月，及宋人盟于宿。

◎孰及之？内之微者也。

冬，十有二月，祭伯来。

◎祭伯者何？天子之大夫也。何以不称使？奔也。奔则曷为不言奔？王者无外，言奔则有外之辞也。

公子益师卒。

◎何以不日？远也。所见异辞，所闻异辞，所传闻异辞。

隐公卷第二（起二年，尽四年）

二年，春，公会戎于潜。

夏五月，莒人入向。

◎入者何？得而不居也。

无骇帅师入极。

◎无骇者何？展无骇也。何以不氏？贬。曷为贬？疾始灭也。始灭昉于此乎？前此矣。前此则曷为始乎此？托始焉尔。曷为托始焉尔？《春秋》之始也。此灭也，其言入何？内大恶，讳也。

秋，八月，庚辰，公及戎盟于唐。

九月，纪履緰来逆女。

◎纪履緰者何？纪大夫也。何以不称使？婚礼不称主人。然则曷称？称诸父兄师友。宋公使公孙寿来纳币，则其称主人何？辞穷也。辞穷者何？无母也。然则纪有母乎？曰有。有则何以不称母？母不通也。外逆女不书，此何以书？讥。何讥尔？讥始不亲迎也。始不亲迎昉于此乎？前此矣。前此则曷为始乎此？托始焉尔。曷为托始焉尔。《春秋》之始也。女曷为或称女，或称妇，或称夫人？女在其国称女，在涂称妇，入国称夫人。

冬，十月，伯姬归于纪。

◎伯姬者何？内女也。其言归何？妇人谓嫁曰归。

纪子伯、莒子盟于密。

◎纪子伯者何？无闻焉尔。

十有二月，乙卯，夫人子氏薨。

◎夫人子氏者何？隐公之母也。何以不书葬？成公意也。何成乎公之意？子将不终为君，故母亦不终为夫人也。

郑人伐卫。

三年，春，王二月，己巳，日有食之。

◎何以书？记异也。日食则曷为或日或不日？或言朔或不言朔，曰某月某日朔，日有食之者，食正朔也，其或日或不日，或失之前，或失之后。失之前者，朔在前也。失之后者，朔在后也。

三月，庚戌，天王崩。

◎何以不书葬？天子记崩不记葬，必其时也。诸侯记卒记葬，有天子存，不得必其时也。曷为或言崩，或言薨？天子曰崩，诸侯曰薨，大夫曰卒，士曰不禄。

夏，四月，辛卯，尹氏卒。

◎尹氏者何？天子之大夫也。其称尹氏何？贬。曷为贬？讥世卿，世卿，非礼也。外大夫不卒，此何以卒？天王崩，诸侯之主也。

秋，武氏子来求赙。

◎武氏子者何？天子之大夫也。其称武氏子何？讥。何讥尔？父卒，子未命也。何以不称使？当丧，未君也。武氏子来求赙，何以书？讥。何讥尔？丧事无求，求赙，非礼也，盖通于下。

八月，庚辰，宋公和卒。

冬，十有二月，齐侯、郑伯盟于石门。

癸未，葬宋缪公。

◎葬者曷为或日或不日？不及时而日，渴葬也。不及时而不日，慢葬也。过时而日，隐之也。过时而不日，谓之不能葬也。当时而不日，正也。当时而日，危不得葬也。此当时何危尔，宣公谓缪公曰："以吾爱与夷则不若爱女。以为社稷宗庙主，则与夷不若女，盍终为君矣。"宣公死，缪公立，缪公逐其二子庄公冯与左师勃，曰："尔为吾子，生毋相见，死毋相哭。"与夷复曰："先君之所为不与臣国而纳国乎君者，以君可以为社稷宗庙主也。今君逐君之二子而将致国乎与夷，此非先君之意也，且使子而可逐，则先君其逐臣矣。"缪公曰："先君之不尔逐可知矣，吾立乎此摄也，终致国乎与夷。"庄公冯弑与夷。故君子大居正，宋之祸，宣公为之也。

四年，春，王二月，莒人伐杞，取牟娄。

◎牟娄者何？杞之邑也。外取邑不书，此何以书？疾始取邑也。

戊申，卫州吁弑其君完。

◎曷为以国氏？当国也。

夏，公及宋公遇于清。

◎遇者何？不期也。一君出，一君要之也。

宋公、陈侯、蔡人、卫人伐郑。

秋，翚帅师会宋公、陈侯、蔡人、卫人伐郑。

◎翚者何？公子翚也。何以不称公子？贬。曷为贬？与弑公也。其与弑公奈何？公子翚谄乎隐公，谓隐公曰："百姓安子，诸侯说子，盍终为君矣。"隐曰："吾否，吾使修涂裘，吾将老焉。"公子翚恐若其言闻乎桓，于是谓桓曰："吾为子口隐矣。隐曰：'吾不反也。'"桓曰："然则奈何？"曰："请作难，弑隐公。"于锺巫之祭焉弑隐公也。

九月，卫人杀州吁于濮。

◎其称人何？讨贼之辞也。

冬，十有二月，卫人立晋。

◎晋者何？公子晋也。立者何？立者不宜立也。其称人何？众立之之辞也。然则孰立之？石碏立之。石碏立之，则其称人何？众之所欲立也。众虽欲立之，其立之非也。

隐公卷第三（起五年，尽十一年）

五年春，公观鱼于棠。

◎何以书？讥。何讥尔？远也。公曷为远而观鱼？登来之也。百金之鱼，公张之。登来之者何？美大之之辞也。棠者何？济上之邑也。

夏四月，葬卫桓公。

秋，卫师入盛。

◎曷为或言率师，或不言率师？将尊师众称某率师，将尊师少称将；将卑师众称师，将卑师少称人。君将不言率师，书其重者也。

九月，考仲子之宫。

◎考宫者何？考犹入室也，始祭仲子也。桓未君则曷为祭仲子？隐为桓立，故为桓祭其母也。然则何言尔？成公意也。

初献六羽。

◎初者何？始也。六羽者何？舞也。初献六羽何以书？讥。何讥尔？讥始僭诸公也。六羽之为僭奈何？天子八佾，诸公六，诸侯四。诸公者何？诸侯者何？天子三公称公，王者之后称公，其馀大国称侯，小国称伯、子、男。天子三公者何？天子之相也。天子之相则何以三？自陕而东者，周公主之，自陕而西者，召公主之，一相处乎内。始僭诸公昉于此乎？前此矣。前此则曷为始乎此？僭诸公，犹可言也，僭天子，不可言也。

邾娄人、郑人伐宋。

螟。

◎何以书？记灾也。

冬，十有二月，辛巳，公子彄卒。

宋人伐郑，围长葛。

◎邑不言围，此其言围何？强也。

六年，春，郑人来输平。

◎输平者何？输平犹堕成也。何言乎堕成？败其成也。曰："吾成败矣。"吾与郑人末有成也。吾与郑人则曷为末有成？狐壤之战，隐公获焉。然则何以不言战？讳获也。

夏，五月，辛酉，公会齐侯盟于艾。

秋，七月。

◎此无事何以书？《春秋》虽无事，首时过则书。首时过，则何以书？春秋编年，四时具，然后为年。

冬，宋人取长葛。

◎外取邑不书，此何以书？久也。

七年，春王三月，叔姬归于纪。

滕侯卒。

◎何以不名？微国也。微国则其称侯何？不嫌也。《春秋》贵贱不嫌同号，美恶不嫌同辞。

夏，城中丘。

◎中丘者何？内之邑也。城中丘何以书？以重书也。

齐侯使其弟年来聘。

◎其称弟何？母弟称弟，母兄称兄。

秋，公伐邾娄。

冬，天王使凡伯来聘。戎伐凡伯于楚丘以归。

◎凡伯者何？天子之大夫也。此聘也，其言伐之何？执之也。执之则其言伐之何？大之也。曷为大之？不与夷狄之执中国也。其地何？大之也。

八年，春，宋公、卫侯遇于垂。

三月，郑伯使宛来归邴。

◎宛者何？郑之微者也。邴者何？郑汤沐之邑也。天子有事于泰山，诸侯皆从。泰山之下，诸侯皆有汤沐之邑焉。

庚寅，我入邴。

◎其言入何？难也。其日何？难也。其言我何？言我者非独我也，齐亦欲之。

夏，六月，己亥，蔡侯考父卒。

辛亥，宿男卒。

秋，七月，庚午，宋公、齐侯、卫侯盟于瓦屋。

八月，葬蔡宣公。

◎卒何以名而葬不名？卒从正，而葬从主人。卒何以日而葬不日？卒赴而葬不告。

九月，辛卯，公及莒人盟于包来。

◎公曷为与微者盟？称人则从，不疑也。

螟。

冬，十有二月，无骇卒。

◎此展无骇也。何以不氏？疾始灭也，故终其身不氏。

九年，春，天王使南季来聘。

三月，癸酉，大雨震电。

◎何以书？记异也。何异尔？不时也。

庚辰，大雨雪。

◎何以书？记异也。何异尔？俶甚也。

侠卒。

◎侠者何？吾大夫之未命者也。

夏，城郎。

秋，七月。

冬，公会齐侯于邴。

十年，春，王二月，公会齐侯、郑伯于中丘。

夏，翚帅师会齐人、郑人伐宋。

◎此公子翚也，何以不称公子？贬。曷为贬？隐之罪人也。故终隐之篇贬也。

六月，壬戌，公败宋师于菅。辛未，取郜。辛巳，取防。

◎取邑不日，此何以日？一月而再取也。何言乎一月而再取？甚之也。内大恶讳，此其言甚之何？《春秋》录内而略外，于外，大恶书，小恶不书；于内，大恶讳，小恶书。

秋，宋人、卫人入郑。

宋人、蔡人、卫人伐载，郑伯伐取之。

◎其言伐取之何？易也。其易奈何？因其力也。因谁之力？因宋人、蔡人、卫人之力也。

冬，十月，壬午，齐人、郑人入盛。

十有一年，春，滕侯、薛侯来朝。

◎其言朝何？诸侯来曰朝，大夫来曰聘。其兼言之何？微国也。

夏，五月，公会郑伯于祁黎。

秋，七月，壬午，公及齐侯、郑伯入许。

冬，十有一月，壬辰，公薨。

◎何以不书葬？隐之也。何隐尔？弑也。弑则何以不书葬？《春秋》君弑，贼不讨，不书葬，以为无臣子也。子沈子曰："君弑，臣不讨贼，非臣也。不复仇，非子也。葬，生者之事也。《春秋》君弑，贼不讨，不书葬，以为不系乎臣子也。"公薨何以不地？不忍言也。隐何以无正月？隐将让乎桓，故不有其正月也。

桓公卷第四（起元年，尽六年）

元年，春，王正月，公即位。

◎继弑君不言即位，此其言即位何？如其意也。

三月，公会郑伯于垂。

郑伯以璧假许田。

◎其言以璧假之何？易之也。易之则其言假之何？为恭也。曷为为恭？有天子之存，则诸侯不得专地也。许田者何？鲁朝宿之邑也。诸侯时朝乎天子，天子之郊，诸侯皆有朝宿之邑焉。此鲁朝宿之邑也，则曷为谓之许田？讳取周田也。讳取周田则曷为谓之许田？系之许也。曷为系之许？近许也。此邑也，其称田何？田多邑少称田，邑多田少称邑。

夏，四月，丁未，公及郑伯盟于越。

秋，大水。

◎何以书？记灾也。

冬，十月。

二年，春，王正月，戊申，宋督弑其君与夷及其大夫孔父。

◎及者何？累也。弑君多矣，舍此无累者乎？曰：“有仇牧、荀息，皆累也。”舍仇牧、荀息无累者乎？曰：“有。”有则此何以书？贤也。何贤乎孔父？孔父可谓义形于色矣。其义形于色奈何？督将弑殇公，孔父生而存，则殇公不可得而弑也，故于是先攻孔父之家。殇公知孔父死，已必死，趋而救之，皆死焉。孔父正色而立于朝，则人莫敢过而致难于其君者，孔父可谓义形于色矣。

滕子来朝。

三月，公会齐侯、陈侯、郑伯于稷，以成宋乱。

◎内大恶讳，此其目言之何？远也。所见异辞，所闻异辞，所传闻异辞。隐亦远矣，曷为为隐讳？隐贤而桓贱也。

夏，四月，取郜大鼎于宋。

◎此取之宋，其谓之郜鼎何？器从名，地从主人。器何以从名？地何以从主人？器之与人，非有即尔。宋始以不义取之，故谓之郜鼎。至乎地之与人则不然。俄而可以为其有矣。然则为取可以为其有乎？曰：“否。”何者？若楚王之妻媦，无时焉可也。

戊申，纳于大庙。

◎何以书？讥。何讥尔？遂乱受赂，纳于大庙，非礼也。

秋七月，纪侯来朝。

蔡侯、郑伯会于邓。

◎离不言会，此其言会何？盖邓与会尔。

九月，入杞。

公及戎盟于唐。

冬，公至自唐。

三年，春正月，公会齐侯于嬴。

夏，齐侯、卫侯胥命于蒲。

◎胥命者何？相命也。何言乎相命？近正也。此其为近正奈何？古者不盟，结言而退。

六月，公会纪侯于盛。

秋，七月，壬辰，朔，日有食之，既。

◎既者何？尽也。

公子翚如齐逆女。

九月，齐侯送姜氏于讙。

◎何以书？讥。何讥尔？诸侯越竟送女，非礼也。此入国矣，何以不称夫人？自我言齐，父母之于子，虽为邻国夫人，犹曰吾姜氏。

公会齐侯于讙。夫人姜氏至自齐。

◎翚何以不致？得见乎公矣。

冬，齐侯使其弟年来聘。

有年。

◎有年何以书？以喜书也。大有年何以书？亦以喜书也。此其曰有年何？仅有年也。彼其曰大有年何？大丰年也。仅有年亦足以当喜乎？恃有年也。

四年，春正月，公狩于郎。

◎狩者何？四狩也，春曰苗，秋曰蒐，冬曰狩。常事不书，此何以书？讥。何讥尔？远也。诸侯曷为必田狩？一曰干豆，二曰宾客，三曰充君之庖。

夏，天王使宰渠伯纠来聘。

◎宰渠伯纠者何？天子之大夫也。其称宰渠伯纠何？下大夫也。

五年，春，正月，甲戌，己丑，陈侯鲍卒。

◎曷为以二日卒之？怴也。甲戌之日亡，己丑之日死而得，君子疑焉，故以二日卒之也。

夏，齐侯郑伯如纪。

◎外相如不书，此何以书？离不言会。

天王使仍叔之子来聘。

◎仍叔之子者何？天子之大夫也。其称仍叔之子何？讥。何讥尔？讥父老，子代从政也。

葬陈桓公。

城祝丘。

秋，蔡人、卫人、陈人从王伐郑。

◎其言从王伐郑何？从王正也。

大雩。

◎大雩者何？旱祭也。然则何以不言旱？言雩则旱见，言旱则雩不见。何以书？记灾也。

螽。

◎何以书？记灾也。

冬，州公如曹。

◎外相如不书。此何以书？过我也。

六年，春，正月，寔来。

◎寔来者何？犹曰是人来也。孰谓？谓州公也。曷为谓之寔来？慢之也。曷为慢之？化我也。

夏，四月，公会纪侯于成。

秋，八月，壬午，大阅。

◎大阅者何？简车徒也。何以书？盖以罕书也。

蔡人杀陈佗。

◎陈佗者何？陈君也。陈君则曷为谓之陈佗？绝也。曷为绝之？贱也。其贱奈何？外淫也。恶乎淫，淫于蔡，蔡人杀之。

九月，丁卯，子同生。

◎子同生者孰谓？谓庄公也。何言乎子同生？喜有正也。未有言喜有正者，此其言喜有正何？久无正也。子公羊子曰："其诸以病桓与？"

冬，纪侯来朝。

桓公卷第五（起七年，尽十八年）

七年，春，二月，己亥，焚咸丘。

◎焚之者何？樵之也。樵之者何？以火攻也。何言乎以火攻？疾始以火攻也。咸丘者何？邾娄之邑也。曷为不系乎邾娄？国之也。曷为国之？君存焉尔。

夏，谷伯绥来朝。邓侯吾离来朝。

◎皆何以名？失地之君也。其称侯朝何？贵者无后，待之以初也。

八年，春，正月，己卯，烝。

◎烝者何？冬祭也。春曰祠，夏曰礿，秋曰尝，冬曰烝。常事不书，此何以书？讥。何讥尔？讥亟也。亟则黩，黩则不敬。君子之祭也。敬而不黩。疏则怠，怠则忘。士不及兹四者，则冬不裘，夏不葛。

天王使家父来聘。

夏，五月，丁丑，烝。

◎何以书？讥亟也。

秋，伐邾娄。

冬，十月，雨雪。

◎何以书？记异也。何异尔？不时也。

祭公来，遂逆王后于纪。

◎祭公者何？天子之三公也。何以不称使？婚礼不称主人。遂者何？生事也。大夫无遂事，此其言遂何？成使乎我也。其成使乎我奈何？使我为媒，可则因用是往逆矣。女在其国称女，此其称王后何？王者无外，其辞成矣。

九年，春，纪季姜归于京师。

◎其辞成矣，则其称纪季姜何？自我言纪，父母之于子，虽为天王后，犹曰吾季姜。京师者何？天子之居也。京者何？大也。师者何？众也。天子之居，必以众大之辞言之。

夏，四月。

秋，七月。

冬，曹伯使其世子射姑来朝。

◎诸侯来曰朝，此世子也，其言朝何？《春秋》有讥父老，子代从政者，则未知其在齐与？曹与？

十年，春，王正月，庚申，曹伯终生卒。

夏，五月，葬曹桓公。

秋，公会卫侯于桃丘，弗遇。

◎会者何？期辞也。其言弗遇何？公不见要也。

冬，十有二月，丙午，齐侯、卫侯、郑伯来战于郎。

◎郎者何？吾近邑也。吾近邑则其言来战于郎何？近也。恶乎近？近乎围也。此偏战也，何以不言师败绩？内不言战，言战乃败矣。

十有一年，春，正月，齐人、卫人、郑人盟于恶曹。

夏，五月，癸未，郑伯寤生卒。

秋，七月，葬郑庄公。

九月，宋人执郑祭仲。

◎祭仲者何？郑相也。何以不名？贤也。何贤乎祭仲？以为知权也。其为知权奈何？古者郑国处于留。先郑伯有善于郐公者，通乎夫人以取其国，而迁郑焉，而野留。庄公死已葬，祭仲将往省于留，涂出于宋，宋人执之。谓之曰："为我出忽而立突。"祭仲不从其言，则君必死，国必亡。从其言，则君可以生易死，国可以存易亡。少辽缓之，则突可故出，而忽可故反，是不可得则病，然后有郑国。古人之有权者，祭仲之权是也。权者何？权者反于经，然后有善者也。权之所设，舍死亡无所设。行权有道，自贬损以行权，不害人以行权。杀人以自生，亡人以自存，君子不为也。

突归于郑。

◎突何以名？挈乎祭仲也。其言归何？顺祭仲也。

郑忽出奔卫。

◎忽何以名？《春秋》伯子男一也，辞无所贬。

柔会宋公、陈侯、蔡侯，盟于折。

◎柔者何？吾大夫之未命者也。

公会宋公于夫童。

冬，十有二月，公会宋公于阚。

十有二年，春，正月。

夏，六月，壬寅，公会纪侯、莒子，盟于殴蛇。

秋，七月，丁亥，公会宋公、燕人，盟于榖丘。

八月，壬辰，陈侯跃卒。

公会宋公于郯。

冬，十有一月，公会宋公于龟。

丙戌，公会郑伯，盟于武父。

丙戌，卫侯晋卒。

十有二月，及郑师伐宋。丁未，战于宋。

◎战不言伐，此其言伐何？辟嫌也。恶乎嫌？嫌与郑人战也。此偏战也，何以不言师败绩？内不言战，言战乃败矣。

十有三年，春，二月，公会纪侯、郑伯。己巳，及齐侯、宋公、卫侯、燕人战，齐师、宋师、卫师、燕师败绩。

◎曷为后日？恃外也。其恃外奈何？得纪侯、郑伯然后能为日也。内不言战，此其言战何？从外也。曷为从外？恃外，故从外也。何以不地？近也。恶乎近？近乎围。郎亦近矣，郎何以地？郎犹可以地也。

三月，葬卫宣公。

夏，大水。

秋，七月。

冬，十月。

十有四年，春，正月，公会郑伯于曹。

无冰。

◎何以书？记异也。

夏，五。郑伯使其弟语来盟。

◎“夏，五”者何？无闻焉尔。

秋，八月，壬申，御廪灾。

◎御廪者何？粢盛委之所藏也。御廪灾何以书？记灾也。

乙亥，尝。

◎常事不书，此何以书？讥。何讥尔？讥尝也。曰："犹尝乎？御廪灾，不如勿尝而已矣。"

冬，十有二月，丁巳，齐侯禄父卒。

宋人以齐人、卫人、蔡人、陈人伐郑。

◎以者何？行其意也。

十有五年，春，二月，天王使家父来求车。

◎何以书？讥。何讥尔？王者无求，求车非礼也。

三月，乙未，天王崩。

夏，四月，己巳，葬齐僖公。

五月，郑伯突出奔蔡。

◎突何以名？夺正也。

郑世子忽复归于郑。

◎其称世子何？复正也。曷为或言归，或言复归？复归者，出恶归无恶。复入者，出无恶，入有恶。入者，出入恶。归者，出入无恶。

许叔入于许。

公会齐侯于鄗。

邾娄人、牟人、葛人来朝。

◎皆何以称人？夷狄之也。

秋，九月，郑伯突入于栎。

◎栎者何？郑之邑。曷为不言入于郑？末言尔。曷为末言尔？祭仲亡矣。然则曷为不言忽之出奔？言忽为君之微也，祭仲存则存矣，祭仲亡则亡矣。

冬，十有一月，公会齐侯、宋公、卫侯、陈侯于侈，伐郑。

十有六年，春，正月，公会宋公、蔡侯、卫侯于曹。

夏，四月，公会宋公、卫侯、陈侯、蔡侯伐郑。

秋，七月，公至自伐郑。

冬，城向。

十有一月，卫侯朔出奔齐。

◎卫侯朔何以名？绝。曷为绝之？得罪于天子也。其得罪于天子，奈何？见使守卫朔，而不能使卫小众，越在岱阴齐。属负兹舍，不即罪尔。

十有七年，春，正月，丙辰，公会齐侯、纪侯，盟于黄。

二月，丙午，公及邾娄仪父盟于趡。

五月，丙午，及齐师战于奚。

六月，丁丑，蔡侯封人卒。

秋，八月，蔡季自陈归于蔡。

癸巳，葬蔡桓侯。

及宋人、卫人伐邾娄。

冬，十月，朔，日有食之。

十有八年，春，王正月，公会齐侯于泺。公与夫人姜氏遂如齐。

◎公何以不言及夫人？夫人外也。夫人外者何？内辞也，其实夫人外公也。

夏，四月，丙子，公薨于齐。丁酉，公之丧至自齐。

秋，七月。

冬，十有二月，己丑，葬我君桓公。

◎贼未讨，何以书葬？仇在外也。仇在外则何以书葬？君子辞也。

庄公卷第六（起元年，尽七年）

元年，春，王正月。

◎公何以不言即位？《春秋》君弑子不言即位。君弑则子何以不言即位？隐之也。孰隐？隐子也。

三月，夫人孙于齐。

◎孙者何？孙犹孙也。内讳奔谓之孙。夫人固在齐矣，其言孙于齐何？念母也。正月以存君，念母以首事。夫人何以不称姜氏？贬。曷为贬？与弑公也。其与弑公奈何？夫人谮公于齐侯：“公曰：‘同非吾子，齐侯之子也。’”齐侯怒，与之饮酒。于其出焉，使公子彭生送之。于其乘焉，协干而杀之。念母者所善也，则曷为于其念母焉贬？不与念母也。

夏，单伯逆王姬。

◎单伯者何？吾大夫之命乎天子者也。何以不称使？天子召而使之也。逆之者何？使我主之也。曷为使我主之？天子嫁女乎诸侯，必使诸侯同姓者主之。诸侯嫁女于大夫，必使大夫同姓者主之。

秋，筑王姬之馆于外。

◎何以书？讥。何讥尔？筑之，礼也，于外，非礼也。于外，何以非礼？筑于外，非礼也。其筑之何以礼？主王姬者必为之改筑。主王姬者则曷为必为之改筑？于路寝则不可。小寝则嫌。群公子之舍，则以卑矣。其道必为之改筑者也。

冬，十月，乙亥，陈侯林卒。

王使荣叔来锡桓公命。

◎锡者何？赐也。命者何？加我服也。其言桓公何？追命也。

王姬归于齐。

◎何以书？我主之也。

齐师迁纪郱、鄑、郚。

◎迁之者何？取之也。取之则曷为不言取之也？为襄公讳也。外取邑不书，此何以书？大之也。何大尔？自是始灭也。

二年，春，王二月，葬陈庄公。

夏，公子庆父帅师伐于馀丘。

◎馀丘者何？邾娄之邑也。曷为不系乎邾娄？国之也。曷为国之？君存焉尔。

秋七月，齐王姬卒。

◎外夫人不卒，此何以卒？录焉尔。曷为录焉尔？我主之也。

冬十有二月，夫人姜氏会齐侯于郜。

乙酉，宋公冯卒。

三年，春，王正月，溺会齐师伐卫。

◎溺者何？吾大夫之未命者也。

夏，四月，葬宋庄公。

五月，葬桓王。

◎此未有言崩者，何以书葬？盖改葬也。

秋，纪季以酅入于齐。

◎纪季者何？纪侯之弟也。何以不名？贤也。何贤乎？纪季服罪也。其服罪奈何？鲁子曰："请后五庙以存姑姊妹。"

冬，公次于郎。

◎其言次于郎何？刺欲救纪而后不能也。

四年，春，王二月，夫人姜氏飨齐侯于祝丘。

三月，纪伯姬卒。

夏，齐侯，陈侯，郑伯遇于垂。

纪侯大去其国。

◎大去者何？灭也。孰灭之？齐灭之。曷为不言齐灭之？为襄公讳也。《春秋》为贤者讳。何贤乎襄公？复仇也。何仇尔？远祖也。哀公亨乎周，纪侯谮之。以襄公之为于此焉者，事祖祢之心尽矣。尽者何？襄公将复仇乎纪，卜之曰："师丧分焉。""寡人死之，不为不吉也。"远祖者几世乎？九世矣。九世犹可以复仇乎？虽百世可也。家亦可乎？曰："不可。"国何以可？国君一体也。先君之耻，犹今君之耻也。今君之耻，犹先君之耻也。国君何以为一体？国君以国为体，诸侯世，故国君为一体也。今纪无罪，此非怒与？曰："非也。"古者有明天子，则纪侯必诛，必无纪者。纪侯之不诛，至今有纪者，犹无明天子也。古者诸侯必有会聚之事，相朝聘之道，号辞必称先君以相接，然则齐纪无说焉，不可以并立乎天下。故将去纪侯者，不得不去纪也。有明天子则襄公得为若行乎？曰："不得也。"不得则襄公曷为为之，上无天子，下无方伯，缘恩疾者可也。

六月，乙丑，齐侯葬纪伯姬。

◎外夫人不书葬，此何以书？隐之也。何隐尔？其国亡矣，徒葬于齐尔。此复仇也，曷为葬之？灭其可灭，葬其可葬。此其为可葬奈何？复仇者非将杀之，逐之也。以为虽遇纪侯之殡，亦将葬之也。

秋，七月。

冬，公及齐人狩于郜。

◎公曷为与微者狩？齐侯也。齐侯则其称人何？讳与仇狩也，前此者有事矣，后此者有事矣，则曷为独于此焉？讥于仇者将壹讥而已。故择其重者而讥焉，莫重乎其与仇狩也。于仇者则曷为将壹讥而已？仇者无时焉可与通，通则为大讥，不可胜讥，故将壹讥而已，其余从同同。

五年，春，王正月。

夏，夫人姜氏如齐师。

秋，倪黎来来朝。

◎倪者何？小邾娄也。小邾娄则曷为谓之倪？未能以其名通也。黎来者何？名也。其名何？微国也。

冬，公会齐人、宋人、陈人、蔡人伐卫。

◎此伐卫何？纳朔也。曷为不言纳卫侯朔？辟王也。

六年，春，王三月，王人子突救卫。

◎王人者何？微者也。子突者何？贵也。贵则其称人何？系诸人也。曷为系诸人？王人耳。

夏，六月，卫侯朔入于卫。

◎卫侯朔何以名？绝。曷为绝之？犯命也。其言入何？篡辞也。

秋，公至自伐卫。

◎曷为或言致会，或言致伐？得意致会，不得意致伐。卫侯朔入于卫，何以致伐？不敢胜天子也。

螟。

冬，齐人来归卫宝。

◎此卫宝也，则齐人曷为来归之？卫人归之也。卫人归之，则其称齐人何？让乎我也。其让乎我奈何？齐侯曰："此非寡人之力，鲁侯之力也！"

七年，春，夫人姜氏会齐侯于防。

夏，四月，辛卯，夜，恒星不见。夜中，星贯如雨。

◎恒星者何？列星也。列星不见何以知？夜之中星反也。如雨者何？如雨者非雨也。非雨则曷为谓之如雨？《不修春秋》曰"雨星不及地尺而复"。君子修之曰："星贯如雨。"何以书？记异也。

秋，大水。

无麦、苗。

◎无苗，则曷为先言无麦而后言无苗？一灾不书，待无麦然后书无苗。何以书？记灾也。

冬，夫人姜氏会齐侯于谷。

庄公卷第七（起八年，尽十七年）

八年，春，王正月，师次于郎，以俟陈人、蔡人。

◎次不言俟，此其言俟何？托不得已也。

甲午，祠兵。

◎祠兵者何？出曰祠兵，入曰振旅，其礼一也，皆习战也。何言乎祠兵？为久也。曷为为久？吾将以甲午之日，然后祠兵于是。

夏，师及齐师围成，成降于齐师。

◎成者何？盛也。盛则曷为谓之成？讳灭同姓也。曷为不言降吾师？辟之也。

秋，师还。

◎还者何？善辞也。此灭同姓何善尔？病之也。曰“师病矣”，曷为病之？非师之罪也。

冬，十有一月，癸未，齐无知弑其君诸儿。

九年，春，齐人杀无知。

公及齐大夫盟于暨。

◎公曷为与大夫盟？齐无君也。然则何以不名？为其讳与大夫盟也，使若众然。

夏，公伐齐，纳纠。

◎纳者何？入辞也。其言伐之何？伐而言纳者，犹不能纳也。纠者何？公子纠也。何以不称公子？君前臣名也。

齐小白入于齐。

◎曷为以国氏？当国也。其言入何？篡辞也。

秋，七月，丁酉，葬齐襄公。

八月，庚申，及齐师战于乾时，我师败绩。

◎内不言败，此其言败何？伐败也。曷为伐败？复仇也。此复仇乎大国，曷为使微者？公也。公则曷为不言公？不与公复仇也。曷为不与公复仇？复仇者在下也。

九月，齐人取子纠，杀之。

◎其取之何？内辞也，胁我使我杀之也。其称子纠何？贵也。其贵奈何？宜为君者也。

冬，浚洙。

◎洙者何？水也。浚之者何？深之也。曷为深之？畏齐也。曷为畏齐也？辞役子纠也。

十年，春，王正月，公败齐师于长勺。

二月，公侵宋。

◎曷为或言侵，或言伐？粗者曰侵，精者曰伐。战不言伐，围不言战，入不言围，灭不言入，书其重者也。

三月，宋人迁宿。

◎迁之者何？不通也，以地还之也。子沈子曰："不通者，盖因而臣之也。"

夏，六月，齐师、宋师次于郎。公败宋师于乘丘。

◎其言次于郎何？伐也。伐则其言次何？齐与伐而不与战，故言伐也。我能败之，故言次也。

秋，九月，荆败蔡师于莘，以蔡侯献舞归。

◎荆者何？州名也。州不若国，国不若氏，氏不若人，人不若名，名不若字，字不若子。蔡侯献舞何以名？绝。曷为绝之？获也。曷为不言其获？不与夷狄之获中国也。

冬，十月，齐师灭谭，谭子奔莒。

◎何以不言出？国已灭矣，无所出也。

十有一年，春，王正月。

夏，五月，戊寅，公败宋师于鄑。

秋，宋大水。

◎何以书，记灾也。外灾不书，此何以书？及我也。

冬，王姬归于齐。

◎何以书？过我也。

十有二年，春，王三月，纪叔姬归于酅。

◎其言归于酅何？隐之也。何隐尔？其国亡矣，徒归于叔尔也。

夏，四月。

秋，八月，甲午，宋万弑其君接及其大夫仇牧。

◎及者何？累也。弑君多矣，舍此无累者乎？孔父、荀息皆累也。舍孔父、荀息无累者乎？曰："有。"有则此何以书？贤也。何贤乎仇牧？仇牧可谓不畏强御矣。其不畏强御奈何？万尝与庄公战，获乎庄公。庄公归，散舍诸宫中，数月然后归之。归反为大夫于宋。与闵公博，妇人皆在侧。万曰："甚矣，鲁侯之淑，鲁侯之美也！天下诸侯宜为君者，唯鲁侯尔！”闵公矜此妇人，妒其言，顾曰：“此虏也！尔虏焉故，鲁侯之美恶乎至?”万怒搏闵公，绝其脰。仇牧闻君弑，趋而至，遇之于门，手剑而叱之。万臂摋仇牧，碎其首，齿著乎门阖。仇牧可谓不畏强御矣。

冬，十月，宋万出奔陈。

十有三年，春，齐侯、宋人、陈人、蔡人、邾娄人会于北杏。

夏，六月，齐人灭遂。

秋，七月。

冬，公会齐侯，盟于柯。

◎何以不日？易也。其易奈何？桓之盟不日，其会不致，信之也。其不日何以始乎此？庄公将会乎桓，曹子进曰：“君之意何如?”庄公曰：“寡人之生则不若死矣。”曹子曰：“然则君请当其君，臣请当其臣。”庄公曰：“诺。”于是会乎桓。庄公升坛，曹子手剑而从之。管子进曰：“君何求乎?”曹子曰：“城坏压竟，君不图与?”管子曰：“然则君将何求?”曹子曰：“愿请汶阳之田。”管子顾曰：“君许诺。”桓公曰：“诺。”曹子请盟，桓公下与之盟。已盟，曹子摽剑而去之。要盟可犯，而桓公不欺。曹子可仇，而桓公不怨，桓公之信著乎天下，自柯之盟始焉。

十有四年，春，齐人、陈人、曹人伐宋。

夏，单伯会伐宋。

◎其言会伐宋何？后会也。

秋，七月，荆人蔡。

冬，单伯会齐侯、宋公、卫侯、郑伯于鄄。

十有五年，春，齐侯、宋公、陈侯、卫侯、郑伯会于鄄。

夏，夫人姜氏如齐。

秋，宋人，齐人、邾娄人伐兒。

郑人侵宋。

冬，十月。

十有六年，春，王正月。

夏，宋人、齐人、卫人伐郑。

秋，荆伐郑。

冬，十有二月，公会齐侯、宋公、陈侯、卫侯、郑伯、许男、曹伯、滑伯、滕子，同盟于幽。

◎同盟者何？同欲也。

邾娄子克卒。

十有七年，春，齐人执郑瞻。

◎郑瞻者何？郑之微者也。此郑之微者，何言乎齐人执之？书甚佞也。

夏，齐人瀸于遂。

◎瀸者何？瀸积也，众杀戍者也。

秋，郑瞻自齐逃来。

◎何以书？书甚佞也。曰："佞人来矣，佞人来矣。"

冬，多麋。

◎何以书？记异也。

庄公卷第八（起十八年，尽二十七年）

十有八年，春，王三月，日有食之。

夏，公追戎于济西。

◎此未有言伐者，其言追何？大其为中国追也。此未有伐中国者，则其言为中国追何？大其未至而豫御之也。其言于济西何？大之也。

秋，有蜮。

◎何以书？记异也。

冬，十月。

十有九年，春，王正月。

夏，四月。

秋，公子结媵陈人之妇于鄄，遂及齐侯、宋公盟。

◎媵者何？诸侯娶一国，则二国往媵之，以侄娣从。侄者何？兄之子也。娣者何？弟也。诸侯壹聘九女，诸侯不再娶。媵不书，此何以书？为其有遂事书。大夫无遂事，此其言遂何？聘礼，大夫受命不受辞，出竟有可以安社稷利国家者，则专之可也。

夫人姜氏如莒。

冬，齐人、宋人、陈人伐我西鄙。

二十年，春，王二月，夫人姜氏如莒。

夏，齐大灾。

◎大灾者何？大瘠也。大瘠者何？痢也。何以书？记灾也。外灾不书，此何以书？及我也。

秋，七月。

冬，齐人伐戎。

二十有一年，春，王正月。

夏，五月，辛酉，郑伯突卒。

秋，七月，戊戌，夫人姜氏薨。

冬，十有二月，葬郑厉公。

二十有二年，春，王正月，肆大省。

◎肆者何？跌也。肆大省者何？灾省也。肆大省何以书？讥。何讥尔？讥始忌省也。

癸丑，葬我小君文姜。

◎文姜者何？庄公之母也。

陈人杀其公子御寇。

夏，五月。

秋，七月，丙申，及齐高傒盟于防。

◎齐高傒者何？贵大夫也。曷为就吾微者而盟？公也。公则曷为不言公？讳与大夫盟也。

冬，公如齐纳币。

◎纳币不书，此何以书？讥。何讥尔？亲纳币，非礼也。

二十有三年，春，公至自齐。

◎桓之盟不日，其会不致，信之也。此之桓国何以致？危之也。何危尔？公一陈佗也。

祭叔来聘。

夏，公如齐观社。

◎何以书？讥。何讥尔？诸侯越竟观社，非礼也。

公至自齐。

荆人来聘。

◎荆何以称人？始能聘也。

公及齐侯遇于谷。

萧叔朝公。

◎其言朝公何？公在外也。

秋，丹桓宫楹。

◎何以书？讥。何讥尔？丹桓宫楹，非礼也。

冬，十有一月，曹伯射姑卒。

十有二月，甲寅，公会齐侯，盟于扈。

◎桓之盟不日，此何以日？危之也。何危尔？我贰也。鲁子曰："我贰者，非彼然，我然也。"

二十有四年，春，王三月，刻桓宫桷。

◎何以书？讥。何讥尔？刻桓宫桷，非礼也。

葬曹庄公。

夏，公如齐逆女。

◎何以书？亲迎礼也。

秋，公至自齐。

八月，丁丑，夫人姜氏入。

◎其言入何？难也。其言日何？难也。其难奈何？夫人不偻不可使入，与公有所约，然后入。

戊寅，大夫、宗妇觌，用币。

◎宗妇者何？大夫之妻也。觌者何？见也。用者何？用者不宜用也。见用币，非礼也。然则曷用？枣栗云乎？腶脩云乎？

大水。

冬，戎侵曹，曹羁出奔陈。

◎曹羁者何？曹大夫也。曹无大夫，此何以书？贤也。何贤乎曹羁？戎将侵曹，曹羁谏曰："戎众以无义。君请勿自敌也。"曹伯曰："不可。"三谏不从，遂去之，故君子以为得君臣之义也。

赤归于曹郭公。

◎赤者何？曹无赤者，盖郭公也。郭公者何？失地之君也。

二十有五年，春，陈侯使女叔来聘。

夏，五月，癸丑，卫侯朔卒。

六月，辛未，朔，日有食之，鼓，用牲于社。

◎日食则曷为鼓用牲于社？求乎阴之道也，以朱丝营社，或曰胁之，或曰为暗，恐人犯之，故营之。

伯姬归于杞。

秋，大水，鼓，用牲于社、于门。

◎其言于社于门何？于社礼也，于门非礼也。

冬，公子友如陈。

二十有六年，公伐戎。

夏，公至自伐戎。

曹杀其大夫。

◎何以不名？众也。曷为众杀之？不死于曹君者也。君死乎位曰灭。曷为不言其灭？为曹羁讳也。此盖战也，何以不言战？为曹羁讳也。

秋，公会宋人、齐人伐徐。

冬，十有二月，癸亥，朔，日有食之。

二十有七年，春，公会杞伯姬于洮。

夏，六月，公会齐侯，宋公、陈侯、郑伯，同盟于幽。

秋，公子友如陈，葬原仲。

◎原仲者何？陈大夫也。大夫不书葬，此何以书？通乎季子之私行也。何通乎季子之私行？辟内难也。君子辟内难而不辟外难。内难者何？公子庆父、公子牙、公子友皆庄公之母弟也。公子庆父、公子牙通乎夫人以胁公，季子起而治之，则不得与于国政，坐而视之则亲亲。因不忍见也，故于是复请至于陈而葬原仲也。

冬，杞伯姬来。

◎其言来何？直来曰来，大归曰来归。

莒庆来逆叔姬。

◎莒庆者何？莒大夫也。莒无大夫，此何以书？讥。何讥尔？大夫越竟逆女，非礼也。

杞伯来朝。

公会齐侯于城濮。

庄公卷第九（起二十八年，尽闵公二年）

二十有八年，春，王三月，甲寅，齐人伐卫。卫人及齐人战，卫人败绩。

◎伐不日，此何以日？至之日也。战不言伐，此其言伐何？至之日也。《春秋》伐者为客，伐者为主，故使卫主之也。曷为使卫主之？卫未有罪尔。败者称师，卫何以不称师？未得乎师也。

夏，四月，丁未，邾娄子琐卒。

秋，荆伐郑。公会齐人、宋人、邾娄人救郑。

冬，筑微。大无麦、禾。

◎冬既见无麦禾矣，曷为先言筑微而后言无麦禾？讳，以凶年造邑也。

臧孙辰告籴于齐。

◎告籴者何？请籴也。何以不称使？以为臧孙辰之私行也。曷为以臧孙辰之私行？君子之为国也，必有三年之委。一年不熟告籴，讥也。

二十有九年，春，新延厩。

◎新延厩者何？修旧也。修旧不书，此何以书？讥。何讥尔？凶年不修。

夏，郑人侵许。

秋，有蜚。

◎何以书？记异也。

冬，十有二月，纪叔姬卒。

城诸及防。

三十年，春，王正月。

夏，师次于成。

秋，七月，齐人降鄣。

◎鄣者何？纪之遗邑也。降之者何？取之也。取之则曷为不言取之？为桓公讳也。外取邑不书，此何以书？尽也。

八月，癸亥，葬纪叔姬。

◎外夫人不书葬，此何以书？隐之也。何隐尔？其国亡矣，徒葬乎叔尔。

九月，庚午，朔，日有食之，鼓，用牲于社。

冬，公及齐侯遇于鲁济。

齐人伐山戎。

◎此齐侯也，其称人何？贬。曷为贬？子司马子曰："盖以操之为已蹙矣。"此盖战也，何以不言战？《春秋》敌者言战，桓公之与戎狄，驱之尔。

三十有一年，春，筑台于郎。

◎何以书？讥。何讥尔？临民之所漱浣也。

夏，四月，薛伯卒。

筑台于薛。

◎何以书？讥。何讥尔？远也。

六月，齐侯来献戎捷。

◎齐大国也，曷为亲来献戎捷？威我也。其威我奈何？旗获而过我也。

秋，筑台于秦。

◎何以书？讥。何讥尔？临国也。

冬，不雨。

◎何以书？记异也。

三十有二年，春，城小谷。

夏，宋公、齐侯遇于梁丘。

秋，七月，癸巳，公子牙卒。

◎何以不称弟？杀也。杀则曷为不言刺？为季子讳杀也。曷为为季子讳杀？季子之遏恶也，不以为国狱，缘季子之心而为之讳。季子之遏恶奈何？庄公病将死，以病召季子，季子至而授之以国政，曰："寡人即不起此病，吾将焉致乎鲁国？"季子曰："般也存，君何忧焉？"公曰："庸得若是乎？牙谓我曰：'鲁一生一及，君已知之矣。庆父也存。'"季子曰："夫何敢？是将为乱乎？夫何敢？"俄而牙弑械成。季子和药而饮之曰："公子从吾言而饮此，则必可以无为天下戮笑，必有后乎鲁国。不从吾言而不饮此，则必为天下戮笑，必无后乎鲁国。"于是从其言而饮之，饮之无傫氏，至乎王堤而死。公子牙今将尔。辞曷为与亲弑者同？君亲无将，将而诛焉，然则善之与？曰："然。"杀世子母弟直称君者，甚之也。季子杀母兄何善尔？诛不得辟兄，君臣之义也。然则曷为不直诛而鸩之？行诛乎兄，隐而逃之，使托若以疾死，然亲亲之道也。

八月，癸亥，公薨于路寝。

◎路寝者何？正寝也。

冬，十月，乙未，子般卒。

◎子卒云子卒，此其称子般卒何？君存称世子，君薨称子某，既葬称子，逾年称公。子般卒，何以不书葬？未逾年之君也。有子则庙，庙则书葬。无子不庙，不庙则不书葬。

公子庆父如齐。

狄伐邢。

闵公

元年，春，王正月。

◎公何以不言即位？继弑君不言即位。孰继？继子般也。孰弑子般？庆父也。杀公子牙，今将尔，季子不免。庆父弑君，何以不诛？将而不免遏恶也，既而不可及，因狱有所归，不探其情而诛焉，亲亲之道也。恶乎归狱？归狱仆人邓扈乐。曷为归狱仆人邓扈乐？庄公存之时，乐曾淫于宫中，子般执而鞭之。庄公死，庆父谓乐曰："般之辱尔，国人莫不知，盍弑之矣？"使弑子般，然后诛邓扈乐而归狱焉，季子至而不变也。

齐人救邢。

夏，六月，辛酉，葬我君庄公。

秋，八月，公及齐侯盟于洛姑。

季子来归。

◎其称季子何？贤也。其言来归何？喜之也。

冬，齐仲孙来。

◎齐仲孙者何？公子庆父也。公子庆父则曷为谓之齐仲孙？系之齐也。曷为系之齐？外之也。曷为外之？《春秋》为尊者讳，为亲者讳，为贤者讳，子女子曰：“以‘春秋’为《春秋》，齐无仲孙，其诸吾仲孙与？”

二年，春，王正月，齐人迁阳。

夏，五月，乙酉，吉禘于庄公。

◎其言吉何？言吉者，未可以吉也。曷为未可以吉？未三年也。三年矣，曷为谓之未三年？三年之丧，实以二十五月。其言于庄公何？未可以称宫庙也。曷为未可以称宫庙？在三年之中矣。吉禘于庄公何以书？讥。何讥尔？讥始不三年也。

秋，八月，辛丑，公薨。

◎公薨何以不地？隐之也。何隐尔？弑也。孰弑之？庆父也。弑公子牙，今将尔，季子不免。庆父弑二君，何以不诛？将而不免，遏恶也。既而不可及，缓追逸贼，亲亲之道也。

九月，夫人姜氏孙于邾娄。公子庆父出奔莒。

冬，齐高子来盟。

◎高子者何？齐大夫也。何以不称使？我无君也。然则何以不名？喜之也。何喜尔？正我也。其正我奈何？庄公死，子般弑，闵公弑，比三君死，旷年无君。设以齐取鲁，曾不兴师，徒以言而已矣。桓公使高子将南阳之甲，立僖公而城鲁，或曰自鹿门至于争门者是也，或曰自争门至于吏门者是也。鲁人至今以为美谈，曰：“犹望高子也。”

十有二月，狄入卫。

郑弃其师。

◎郑弃其师者何？恶其将也。郑伯恶高克，使之将逐而不纳，弃师之道也。

僖公卷第十（起元年，尽七年）

元年，春，王正月。

◎公何以不言即位？继弑君，子不言即位。此非子也，其称子何？臣子一例也。

齐师、宋师、曹师次于聂北，救邢。

◎救不言次，此其言次何？不及事也。不及事者何？邢已亡矣。孰亡之？盖狄灭之。曷为不言狄灭之？为桓公讳也。曷为为桓公讳？上无天子，下无方伯，天下诸侯有相灭亡者，桓公不能救，则桓公耻之。曷为先言次而后言救？君也。君则其称师何？不与诸侯专封也。曷为不与？实与，而文不与。文曷为不与？诸侯之义不得专封也。诸侯之义不得专封，则其曰实与之何？上无天子，下无方伯，天下诸侯有相灭亡者，力能救之，则救之可也。

夏，六月，邢迁于陈仪。

◎迁者何？其意也。迁之者何？非其意也。

齐师、宋师、曹师城邢。

◎此一事也，曷为复言齐师、宋师、曹师？不复言师，则无以知其为一事也。

秋，七月，戊辰，夫人姜氏薨于夷，齐人以归。

◎夷者何？齐地也。齐地则其言齐人以归何？夫人薨于夷，则齐人以归。夫人薨于夷，则齐人曷为以归？桓公召而缢杀之。

楚人伐郑。

八月，公会齐侯、宋公、郑伯、曹伯、邾娄人于柽。

九月，公败邾娄师于缨。

冬，十月，壬午，公子友帅师败莒师于犁，获莒挐。

◎莒挐者何？莒大夫也。莒无大夫，此何以书？大季子之获也。何大乎季子之获？季子治内难以正，御外难以正。其御外难以正奈何？公子庆父弑闵公，走而之莒，莒人逐之，将由乎齐，齐人不纳，却反舍于汶水之上，使公子奚斯入请。季子曰："公子不可以入，入则杀矣。"奚斯不忍反命于庆父，自南涘，北面而哭。庆父闻之曰："嘻！此奚斯之声也，诺已。"曰："吾不得入矣。"于是抗辀经而死。莒人闻之曰："吾已得子之贼矣，以求赂乎鲁。"鲁人不与，为是兴师而伐鲁，季子待之以偏战。

十有二月，丁巳，夫人氏之丧至自齐。

◎夫人何以不称姜氏？贬。曷为贬？与弑公也。然则曷为不于弑焉贬？贬必于重者，莫重乎其以丧至也。

二年，春，王正月，城楚丘。

◎孰城？城卫也。曷为不言城卫？灭也。孰灭之？盖狄灭之。曷为不言狄灭之？为桓公讳也。曷为为桓公讳？上无天子，下无方伯，天下诸侯有相灭亡者，桓公不能救，则桓公耻之也。然则孰城之？桓公城之。曷为不言桓公城之？不与诸侯专封也。曷为不与？实与而文不与。文曷为不与？诸侯之义，不得专封。诸侯之义，不得专封，则其曰实与之何？上无天子，下无方伯，天下诸侯有相灭亡者，力能救之，则救之可也。

夏，五月，辛巳，葬我小君哀姜。

◎哀姜者何？庄公之夫人也。

虞师、晋师灭夏阳。

◎虞，微国也，曷为序乎大国之上？使虞首恶也。曷为使虞首恶？虞受赂，假灭国者道，以取亡焉。其受赂奈何？献公朝诸大夫而问焉，曰："寡人夜者寝而不寐，其意也何？"诸大夫有进对者曰："寝不安与？其诸侍御有不在侧者与？"献公不应。荀息进曰："虞、郭见与？"献公揖而进之，遂与之入而谋曰："吾欲攻郭，则虞救之，攻虞则郭救之，如之何？愿与子虑之。"荀息对曰："君若用臣之谋，则今日取郭，而明日取虞尔，君何忧焉？"献公曰："然则奈何？"荀息曰："请以屈产之乘，与垂棘之白璧往，必可得也。则宝出之内藏，藏之外府，马出之内厩，系之外厩尔，君何丧焉？"献公曰："诺。虽然，宫之奇存焉，如之何？"荀息曰："宫之奇知则知矣。虽然，虞公贪而好宝，见宝，必不从其言，请终以往。"于是终以往，虞公见宝，许诺。宫之奇果谏："记曰：'唇亡则齿寒。'虞、郭之相救，非相为赐，则晋今日取郭，而明日虞从而亡尔，君请勿许也。"虞公不从其言，终假之道以取郭，还四年，反取虞。虞公抱宝牵马而至。荀息见曰："臣之谋何如？"献公曰："子之谋则已行矣，宝则吾宝也，虽然，吾马之齿亦已长矣。"盖戏之也。夏阳者何？郭之邑也。曷为不系于郭？国之也，曷为国之？君存焉尔。

秋，九月，齐侯、宋公、江人、黄人盟于贯泽。

◎江人、黄人者何？远国之辞也。远国至矣，则中国曷为独言齐、宋？至尔大国言齐、宋，远国言江、黄，则以其余为莫敢不至也。

冬十月，不雨。

◎何以书？记异也。

楚人侵郑。

三年，春，王正月，不雨。

夏，四月，不雨。

◎何以书？记异也。

徐人取舒。

其言取之何？易也。

六月，雨。

◎其言六月雨何？上雨而不甚也。

秋，齐侯、宋公、江人、黄人会于阳谷。

◎此大会也，曷为末言尔？桓公曰：“无障谷，无贮粟，无易树子，无以妾为妻。”

冬，公子友如齐莅盟。

◎莅盟者何？往盟乎彼也。其言来盟者何？来盟于我也。

楚人伐郑。

四年，春，王正月，公会齐侯、宋公、陈侯、卫侯、郑伯、许男、曹伯侵蔡，蔡溃。

◎溃者何？下叛上也。国曰溃，邑曰叛。

遂伐楚，次于陉。

◎其言次于陉何？有俟也。孰俟？俟屈完也。

夏，许男新臣卒。

楚屈完来盟于师，盟于召陵。

◎屈完者何？楚大夫也。何以不称使？尊屈完也。曷为尊屈完？以当桓公也。其言盟于师、盟于召陵何？师在召陵也。师在召陵，则曷为再言盟？喜服楚也。何言乎喜服楚？楚有王者则后服，无王者则先叛。夷狄也。而亟病中国，南夷与北狄交。中国不绝若线，桓公救中国，而攘夷狄，卒怗荆，以此为王者之事也。其言来何？与桓为主也。前此者有事矣，后此者有事矣，则曷为独于此焉？与桓公为主，序绩也。

齐人执陈袁涛涂。

◎涛涂之罪何？辟军之道也。其辟军之道奈何？涛涂谓桓公曰："君既服南夷矣，何不还师滨海而东，服东夷且归。"桓公曰："诺。"于是还师滨海而东，大陷于沛泽之中。顾而执涛涂。执者曷为或称侯，或称人？称侯而执者，伯讨也。称人而执者，非伯讨也。此执有罪，何以不得为伯讨？古者周公东征则西国怨，西征则东国怨。桓公假涂于陈而伐楚，则陈人不欲其反由己者，师不正故也。不修其师而执涛涂，古人之讨，则不然也。

秋，及江人、黄人伐陈。

八月，公至自伐楚。

◎楚已服矣，何以致伐？楚叛盟也。

葬许缪公。

冬，十有二月，公孙慈帅师会齐人、宋人、卫人、郑人、许人、曹人侵陈。

五年，春，晋侯杀其世子申生。

◎曷为直称晋侯以杀？杀世子、母弟直称君者，甚之也。

杞伯姬来朝其子。

◎其言来朝其子何？内辞也，与其子俱来朝也。

夏，公孙慈如牟。

公及齐侯、宋公、陈侯、卫侯、郑伯、许男、曹伯会王世子于首戴。

◎曷为殊会王世子？世子贵也，世子犹世世子也。

秋，八月，诸侯盟于首戴。

◎诸侯何以不序？一事而再见者，前目而后凡也。郑伯逃归不盟。其言逃归不盟者何？不可使盟也。不可使盟，则其言逃归何？鲁子曰：“盖不以寡犯众也。”

楚人灭弦，弦子奔黄。

九月，戊申，朔，日有食之。

冬，晋人执虞公。

◎虞已灭矣，其言执之何？不与灭也。曷为不与灭？灭者亡国之善辞也，灭者上下之同力者也。

六年，春，王正月。

夏，公会齐侯、宋公、陈侯、卫侯、曹伯伐郑，围新城。

◎邑不言围，此其言围何？强也。

秋，楚人围许，诸侯遂救许。

冬，公至自伐郑。

七年，春，齐人伐郑。

夏，小邾娄子来朝。

郑杀其大夫申侯。

◎其称国以杀何？称国以杀者，君杀大夫之辞也。

秋，七月，公会齐侯、宋公、陈世子款、郑世子华，盟于宁毋。

曹伯般卒。

公子友如齐。

冬，葬曹昭公。

僖公卷第十一（起八年，尽二十一年）

八年，春，王正月，公会王人、齐侯、宋公、卫侯、许男、曹伯、陈世子款、郑世子华盟于洮。

◎王人者何？微者也。曷为序乎诸侯之上？先王命也。

郑伯乞盟。

◎乞盟者何？处其所而请与也。其处其所而请与奈何？盖酌之也。

夏，狄伐晋。

秋，七月，禘于太庙，用致夫人。

◎用者何？用者不宜用也。致者何？致者不宜致也。禘用致夫人，非礼也。夫人何以不称姜氏？贬。曷为贬？讥以妾为妻也。其言以妾为妻奈何？盖胁于齐媵女之先至者也。

冬，十有二月，丁未，天王崩。

九年，春，王三月，丁丑，宋公御说卒。

◎何以不书葬？为襄公讳也。

夏，公会宰周公、齐侯、宋子、卫侯、郑伯、许男、曹伯于葵丘。

◎宰周公者何？天子之为政者也。

秋，七月，乙酉，伯姬卒。

◎此未适人，何以卒？许嫁矣。妇人许嫁，字而笄之，死则以成人之丧治之。

九月，戊辰，诸侯盟于葵丘。

◎桓之盟不日，此何以日？危之也。何危尔？贯泽之会，桓公有忧中国之心，不召而至者，江人、黄人也。葵丘之会，桓公震而矜之，叛者九国。震之者何？犹曰振振然。矜之者何？犹曰莫若我也。

甲戌，晋侯诡诸卒。

冬，晋里克弑其君之子奚齐。

◎此未逾年之君，其言弑其君之子奚齐何？杀未逾年君之号也。

十年，春，王正月，公如齐。

狄灭温。

温子奔卫。

晋里克弑其君卓子及其大夫荀息。

◎及者何？累也。弑君多矣，舍此无累者乎？曰："有孔父、仇牧皆累也。"舍孔父、仇牧无累者乎？曰："有。"有则此何以书？贤也。何贤乎荀息？荀息可谓不食其言矣。其不食其言奈何？奚齐、卓子者，骊姬之子也，荀息傅焉。骊姬者，国色也。献公爱之甚，欲立其子，于是杀世子申生。申生者，里克傅之。献公病将死，谓荀息曰："士何如则可谓之信矣？"荀息对曰："使死者反生，生者不愧乎其言，则可谓信矣。"献公死，奚齐立。里克谓荀息曰："君杀正而立不正，废长而立幼，如之何？愿与子虑之。”荀息曰：“君尝讯臣矣，臣对曰：‘使死者反生，生者不愧乎其言，则可谓信矣。’”里克知其不可与谋，退弑奚齐。荀息立卓子，里克弑卓子，荀息死之。荀息可谓不食其言矣。

夏，齐侯、许男伐北戎。

晋杀其大夫里克。

◎里克弑二君，则曷为不以讨贼之辞言之？惠公之大夫也。然则孰立惠公？里克也。里克杀奚齐、卓子，逆惠公而入。里克立惠公，则惠公曷为杀之？惠公曰：“尔既杀夫二孺子矣，又将图寡人，为尔君者，不亦病乎？”于是杀之。然则曷为不言惠公之入？晋之不言出入者，踊为文公讳也。齐小白入于齐，则曷为不为桓公讳？桓公之享国也长，美见乎天下，故不为之讳本恶也。文公之享国也短，美未见乎天下，故为之讳本恶也。

秋，七月。

冬，大雨雹。

◎何以书？记异也。

十有一年，春，晋杀其大夫丕郑父。

夏，公及夫人姜氏会齐侯于阳谷。

秋，八月，大雩。

冬，楚人伐黄。

十有二年，春，王三月，庚午，日有食之。

夏，楚人灭黄。

秋，七月。

冬，十有二月，丁丑，陈侯处臼卒。

十有三年，春，狄侵卫。

夏，四月，葬陈宣公。

公会齐侯、宋公、陈侯、卫侯、郑伯、许男、曹伯于咸。

秋，九月，大雩。

冬，公子友如齐。

十有四年，春，诸侯城缘陵。

◎孰城之？城杞也。曷为城杞？灭也。孰灭之？盖徐、莒胁之。曷为不言徐、莒胁之？为桓公讳也。曷为为桓公讳？上无天子，下无方伯，天下诸侯有相灭亡者，桓公不能救，则桓公耻之也。然则孰城之？桓公城之。曷为不言桓公城之？不与诸侯专封也。曷为不与？实与而文不与。文曷为不与？诸侯之义不得专封也。诸侯之义不得专封，则其曰实与之何？上无天子，下无方伯，天下诸侯有相灭亡者，力能救之，则救之可也。

夏，六月，季姬及鄫子遇于防，使鄫子来朝。

◎鄫子曷为使乎季姬来朝？内辞也。非使来朝，使来请己也。

秋，八月，辛卯，沙鹿崩。

◎沙鹿者何？河上之邑也。此邑也，其言崩何？袭邑也。沙鹿崩何以书？记异也。外异不书，此何以书？为天下记异也。

狄侵郑。

冬，蔡侯肸卒。

十有五年，春，王正月，公如齐。

楚人伐徐。

三月，公会齐侯、宋公、陈侯、卫侯、郑伯、许男、曹伯盟于牡丘，遂次于匡。公孙敖率师及诸侯之大夫救徐。

夏，五月，日有食之。

秋，七月，齐师、曹师伐厉。

八月，螽。

九月，公至自会。

◎桓公之会不致，此何以致？久也。

季姬归于鄫。

己卯，晦，震夷伯之庙。

◎晦者何？冥也。震之者何？雷电击夷伯之庙者也。夷伯者曷为者也？季氏之孚也。季氏之孚则微者，其称夷伯何？大之也。曷为大之？天戒之，故大之也。何以书？记异也。

冬，宋人伐曹。

楚人败徐于娄林。

十有一月，壬戌，晋侯及秦伯战于韩，获晋侯。

◎此偏战也，何以不言师败绩？君获，不言师败绩也。

十有六年，春，王正月，戊申，朔，陨石于宋，五。是月，六鹢退飞过宋都。

◎曷为先言陨而后言石？陨石记闻，闻其磌然，视之则石，察之则五。是月者何？仅逮是月也。何以不日？晦日也。晦则何以不言晦？《春秋》不书晦也。朔有事则书，晦虽有事不书。曷为先言六而后言鹢？六鹢退飞，记见也，视之则六，察之则鹢，徐而察之则退飞。五石六鹢何以书？记异也。外异不书，此何以书？为王者之后记异也。

三月，壬申，公子季友卒。

◎其称季友何？贤也。

夏，四月，丙申，鄫季姬卒。

秋，七月，甲子，公孙慈卒。

冬，十有二月，公会齐侯、宋公、陈侯、卫侯、郑伯、许男、邢侯、曹伯于淮。

十有七年，春，齐人、徐人伐英氏。

夏，灭项。

◎孰灭之？齐灭之。曷为不言齐灭之？为桓公讳也。《春秋》为贤者讳。此灭人之国，何贤尔？君子之恶恶也疾始，善善也乐终。桓公尝有继绝存亡之功，故君子为之讳也。

秋，夫人姜氏会齐侯于卞。

九月，公至自会。

十有二月，乙亥，齐侯小白卒。

十有八年，春，王正月，宋公会曹伯、卫人、邾娄人伐齐。

夏，师救齐。

五月，戊寅，宋师及齐师战于甗，齐师败绩。

◎战不言伐，此其言伐何？宋公与伐而不与战，故言伐。《春秋》伐者为客，伐者为主。曷为不使齐主之？与襄公之征齐也。曷为与襄公之征齐？桓公死，竖刁、易牙争权不葬，为是故伐之也。

狄救齐。

秋，八月，丁亥，葬齐桓公。

冬，邢人、狄人伐卫。

十有九年，春，王三月，宋人执滕子婴齐。

夏，六月，宋人、曹人、邾娄人盟于曹南。鄫子会于邾娄。

◎其言会盟何？后会也。

己酉，邾娄人执鄫子用之。

◎恶乎用之？用之社也。其用之社奈何？盖叩其鼻以血社也。

秋，宋人围曹。

卫人伐邢。

冬，公会陈人、蔡人、楚人、郑人盟于齐。

梁亡。

◎此未有伐者，其言梁亡何？自亡也。其自亡奈何？鱼烂而亡也。

二十年，春，新作南门。

◎何以书？讥。何讥尔？门有古常也。

夏，郜子来朝。

◎郜子者何？失地之君也。何以不名？兄弟辞也。

五月，乙巳，西宫灾。

◎西宫者何？小寝也。小寝则曷为谓之西宫？有西宫则有东宫矣。鲁子曰："以有西宫，亦知诸侯之有三宫也。"西宫灾何以书？记异也。

郑人入滑。

秋，齐人、狄人盟于邢。

冬，楚人伐随。

二十有一年，春，狄侵卫。

宋人、齐人、楚人盟于鹿上。

夏，大旱。

◎何以书？记灾也。

秋，宋公、楚子、陈侯、蔡侯、郑伯、许男、曹伯会于霍，执宋公以伐宋。

◎孰执之？楚子执之。曷为不言楚子执之？不与夷狄之执中国也。

冬，公伐邾娄。

楚人使宜申来献捷。

◎此楚子也，其称人何？贬。曷为贬？为执宋公贬。曷为为执宋公贬？宋公与楚子期以乘车之会，公子目夷谏曰："楚，夷国也，强而无义，请君以兵车之会往。"宋公曰："不可。吾与之约以乘车之会，自我为之，自我堕之，曰不可。"终以乘车之会往，楚人果伏兵车，执宋公以伐宋。宋公谓公子目夷曰："子归守国矣，国，子之国也。吾不从子之言，以至乎此。"公子目夷复曰："君虽不言国，国固臣之国也。"于是归设守械而守国。楚人谓宋人曰："子不与我国，吾将杀子君矣。"宋人应之曰："吾赖社稷之神灵，吾国已有君矣。"楚人知虽杀宋公犹不得宋国，于是释宋公。宋公释乎执，走之卫。公子目夷复曰："国为君守之，君曷为不入？"然后逆襄公归。恶乎捷？捷乎宋。曷为不言捷乎宋？为襄公讳也。此围辞也，曷为不言其围？为公子目夷讳也。

十有二月，癸丑，公会诸侯盟于薄。释宋公。

◎执未有言释之者，此其言释之何？公与为尔也。公与为尔奈何？公与议尔也。

僖公卷第十二（起二十二年，尽三十三年）

二十有二年，春，公伐邾娄，取须朐。

夏，宋公、卫侯、许男、滕子伐郑。

秋，八月，丁未，及邾娄人战于升陉。

冬，十有一月，己巳，朔，宋公及楚人战于泓，宋师败绩。

◎偏战者日尔，此其言朔何？《春秋》辞繁而不杀者，正也。何正尔？宋公与楚人期，战于泓之阳。楚人济泓而来。有司复曰："请迨其未毕济而系之。"宋公曰："不可。吾闻之也，君子不厄人，吾虽丧国之余，寡人不忍行也。"既济，未毕陈，有司复曰："请迨其未毕陈而击之。"宋公曰："不可。吾闻之也，君子不鼓不成列。"已陈，然后襄公鼓之，宋师大败。故君子大其不鼓不成列，临大事而不忘大礼，有君而无臣，以为虽文王之战，亦不过此也。

二十有三年，春，齐侯伐宋，围缗。

◎邑不言围，此其言围何？疾重故也。

夏，五月，庚寅，宋公慈父卒。

◎何以不书葬？盈乎讳也。

秋，楚人伐陈。

冬，十有一月，杞子卒。

二十有四年，春，王正月。

夏，狄伐郑。

秋，七月。

冬，天王出居于郑。

◎王者无外，此其言出何？不能乎母也。鲁子曰："是王也，不能乎母者，其诸此之谓与？"

晋侯夷吾卒。

二十有五年，春，王正月，丙午，卫侯毁灭邢。

◎卫侯毁何以名？绝。曷为绝之？灭同姓也。

夏，四月，癸酉，卫侯毁卒。

宋荡伯姬来逆妇。

◎宋荡伯姬者何？荡氏之母也。其言来逆妇何？兄弟辞也。其称妇何？有姑之辞也。

宋杀其大夫。

◎何以不名？宋三世无大夫，三世内娶也。

秋，楚人围陈，纳顿子于顿。

◎何以不言遂？两之也。

葬卫文公。

冬，十有二月，癸亥，公会卫子、莒庆盟于洮。

二十有六年，春，王正月，己未，公会莒子、卫宁遬盟于向。

齐人侵我西鄙。公追齐师至巂，弗及。

◎其言至巂弗及何？侈也。

夏，齐人伐我北鄙。

卫人伐齐。

公子遂如楚乞师。

◎乞师者何？卑辞也。曷为以外内同若辞？重师也。曷为重师？师出不正反。战不正胜也。

秋，楚人灭隗，以隗子归。

冬，楚人伐宋，围缗。

◎邑不言围，此其言围何？刺道用师也。

公以楚师伐齐，取谷。会至自伐齐。

◎此取谷矣，何以致伐？未得乎取谷也。曷为未得乎取谷？曰："患之起，必自此始也。"

二十有七年，春，杞子来朝。

夏，六月，庚寅，齐侯昭卒。

秋，八月，乙未，葬齐孝公。

乙巳，公子遂帅师入杞。

冬，楚人、陈侯、蔡侯、郑伯、许男围宋。

◎此楚子也，其称人何？贬。曷为贬？为执宋公贬，故终僖之篇贬也。

十有二月，甲戌，公会诸侯盟于宋。

二十八有八年，春，晋侯侵曹，晋侯伐卫。

◎曷为再言晋侯？非两之也。然则何以不言遂？未侵曹也。未侵曹则其言侵曹何？致其意也。其意侵曹，则曷为伐卫？晋侯将侵曹，假涂于卫，卫曰不可得，则固将伐之也。

公子买戍卫，不卒戍，刺之。

◎不卒戍者何？不卒戍者，内辞也，不可使往也。不可使往，则其言戍卫何？遂公意也。刺之者何？杀之也。杀之则曷为谓之刺之？内讳杀大夫谓之刺之也。

楚人救卫。

三月，丙午，晋侯入曹，执曹伯，畀宋人。

◎畀者何？与也。其言畀宋人何？与使听之也。曹伯之罪何？甚恶也。其甚恶奈何？不可以一罪言也。

夏，四月，己巳，晋侯、齐师、宋师、秦师及楚人战于城濮，楚师败绩。

◎此大战也，曷为使微者？子玉得臣也。子玉得臣则其称人何？贬。曷为贬？大夫不敌君也。

楚杀其大夫得臣。

卫侯出奔楚。

五月，癸丑，公会晋侯、齐侯、宋公、蔡侯、郑伯、卫子、莒子盟于践土。陈侯如会。

◎其言如会何？后会也。

公朝于王所。

◎曷为不言公如京师？天子在是也。天子在是，则曷为不言天子在是？不与致天子也。

六月，卫侯郑自楚复归于卫。

卫元咺出奔晋。

陈侯款卒。

秋，杞伯姬来。

公子遂如齐。

冬，公会晋侯、齐侯、宋公、蔡侯、郑伯、陈子、莒子、邾娄子、秦人于温。

天王狩于河阳。

◎狩不书，此何以书？不与再致天子也。鲁子曰："温近而践土远也。"

壬申，公朝于王所。

◎其日何？录乎内也。

晋人执卫侯归之于京师。

◎归之于者何？归于者何？归之于者罪已定矣，归于者罪未定也。罪未定，则何以得为伯讨？归之于者，执之于天子之侧者也，罪定不定，已可知矣。归于者，非执之于天子之侧者也，罪定不定，未可知也。卫侯之罪何？杀叔武也。何以不书？为叔武讳也。《春秋》为贤者讳。何贤乎叔武？让国也。其让国奈何？文公逐卫侯而立叔武，叔武辞立而他人立，则恐卫侯之不得反也，故于是已立，然后为践土之会，治反卫侯。卫侯得反曰："叔武篡我。"元咺争之曰："叔武无罪。"终杀叔武，元咺走而出。此晋侯也，其称人何？贬。曷为贬？卫之祸，文公为之也。文公为之奈何？文公逐卫侯而立叔武，使人兄弟相疑，放乎杀母弟者，文公为之也。

卫元咺自晋复归于卫。

◎自者何？有力焉者也。此执其君，其言自何？为叔武争也。诸侯遂围许。

曹伯襄复归于曹。

遂会诸侯围许。

二十有九年，春，介葛卢来。

◎介葛卢者何？夷狄之君也。何以不言朝？不能乎朝也。

公至自围许。

夏，六月，公会王人、晋人、宋人、齐人、陈人、蔡人、秦人盟于狄泉。

秋，大雨雹。

冬，介葛卢来。

三十年，春，王正月。

夏，狄侵齐。

秋，卫杀其大夫元咺及公子瑕。

卫侯未至，其称国以杀何？道杀也。

卫侯郑归于卫。

◎此杀其大夫，其言归何？归恶乎元咺也。曷为归恶乎元咺？元咺之事君也，君出则己入，君入则己出，以为不臣也。

晋人、秦人围郑。

介人侵萧。

冬，天王使宰周公来聘。

公子遂如京师，遂如晋。

◎大夫无遂事，此其言遂何？公不得为政尔。

三十有一年，春，取济西田。

◎恶乎取之？取之曹也。曷为不言取之曹？讳取同姓之田也。此未有伐曹者，则其言取之曹何？晋侯执曹伯，班其所取侵地于诸侯也。晋侯执曹伯，班其所取侵地于诸侯，则何讳乎取同姓之田？久也。

公子遂如晋。

夏，四月，四卜郊不从，乃免牲，犹三望。

◎曷为或言三卜，或言四卜？三卜礼也，四卜非礼也。三卜何以礼，四卜何以非礼？求吉之道三。禘尝不卜，郊何以卜？卜郊非礼也。卜郊何以非礼？鲁郊非礼也。鲁郊何以非礼？天子祭天，诸侯祭土。天子有方望之事，无所不通。诸侯山川有不在其封内者，则不祭也。曷为或言免牲，或言免牛？免牲，礼也，免牛，非礼也。免牛何以非礼？伤者曰牛。三望者何？望祭也。然则曷祭？祭泰山河海。曷为祭泰山河海？山川有能润于百里者，天子秩而祭之。触石而出，肤寸而合，不崇朝而遍雨乎天下者，唯泰山尔。河海润于千里。犹者何？通可以已也。何以书？讥不郊而望祭也。

秋，七月。

冬，杞伯姬来求妇。

◎其言来求妇何？兄弟辞也。其称妇何？有姑之辞也。

狄围卫。

十有二月，卫迁于帝丘。

三十有二年，春，王正月。

夏，四月，己丑，郑伯接卒。

卫人侵狄。

秋，卫人及狄盟。

冬，十有二月，己卯，晋侯重耳卒。

三十有三年，春，王二月，秦人入滑。

齐侯使国归父来聘。

夏，四月，辛巳，晋人及姜戎败秦于殽。

◎其谓之秦何？夷狄之也。曷为夷狄之？秦伯将袭郑，百里子与蹇叔子谏曰："千里而袭人，未有不亡者也。"秦伯怒曰："若尔之年者，宰上之木拱矣，尔曷知！"师出，百里子与蹇叔子送其子而戒之曰："尔即死，必于殽之嵚岩，是文王之所辟风雨者也，吾将尸尔焉。"子揖师而行。百里子与蹇叔子从其子而哭之。秦伯怒曰："尔曷为哭吾师？"对曰："臣非敢哭君师，哭臣之子也。"弦高者，郑商也，遇之殽，矫以郑伯之命而犒师焉。或曰："往矣。"或曰："反矣。"然而晋人与姜戎要之殽而击之，匹马只轮无反者。其言及姜戎何？姜戎，微也，称人亦微者也。何言乎姜戎之微？先轸也，或曰襄公亲之。襄公亲之则其称人何？贬。曷为贬？君在乎殡而用师危，不得葬也。诈战不日，此何以日？尽也。

癸巳，葬晋文公。

狄侵齐。

公伐邾娄，取丛。

秋，公子遂帅师伐邾娄。

晋人败狄于箕。

冬，十月，公如齐。

十有二月，公至自齐。

乙巳，公薨于小寝。

陨霜不杀草，李梅实。

◎何以书？记异也。何异尔？不时也。

晋人、陈人、郑人伐许。

文公卷第十三（起元年，尽九年）

元年，春，王正月，公即位。

三月，癸亥，朔，日有食之。

天王使叔服来会葬。

◎其言来会葬何？会葬礼也。

夏，四月，丁巳，葬我君僖公。

天王使毛伯来锡公命。

◎锡者何？赐也。命者何？加我服也。

晋侯伐卫。

叔孙得臣如京师。

卫人伐晋。

秋，公孙敖会晋侯于戚。

冬，十月，丁未，楚世子商臣弑其君髡。

公孙敖如齐。

二年，春，王二月，甲子，晋侯及秦师战于彭衙，秦师败绩。

丁丑，作僖公主。

◎作僖公主者何？为僖公作主也。主者曷用？虞主用桑，练主用栗。用栗者，藏主也。作僖公主何以书？讥。何讥尔？不时也。其不时奈何？欲久丧而后不能也。

三月，乙巳，及晋处父盟。

◎此晋阳处父也，何以不氏？讳与大夫盟也。

夏，六月，公孙敖会宋会、陈侯、郑伯、晋士縠盟于垂敛。

自十有二月不雨，至于秋七月。

◎何以书？记异也。大旱以灾书，此亦旱也，曷为以异书？大旱之日短而云灾，故以灾书。此不雨之日长而无灾，故以异书也。

八月，丁卯，大事于大庙，跻僖公。

◎大事者何？大祫也。大祫者何？合祭也。其合祭奈何？毁庙之主，陈于大祖，未毁庙之主，皆升，合食于大祖，五年而再殷祭。跻者何？升也。何言乎升僖公？讥。何讥尔？逆祀也。其逆祀奈何？先祢而后祖也。

冬，晋人、宋人、陈人、郑人伐秦。

公子遂如齐纳币。

◎纳币不书，此何以书？讥。何讥尔？讥丧娶也。娶在三年之外，则何讥乎丧娶？三年之内不图婚。吉禘于庄公，讥。然则曷为不于祭焉讥？三年之恩疾矣，非虚加之也。以人心为皆有之。以人心为皆有之，则曷为独于娶焉讥？娶者大吉也，非常吉也。其为吉者主于己，以为有人心焉者，则宜于此焉变矣。

三年，春，王正月，叔孙得臣会晋人、宋人、陈人、卫人、郑人伐沈。沈溃。

夏，五月，王子虎卒。

◎王子虎者何？天子之大夫也。外大夫不卒，此何以卒？新使乎我也。

秦人伐晋。

秋，楚人围江。

雨螽于宋。

◎雨螽者何？死而坠也。何以书？记异也。外异不书，此何以书？为王者之后记异也。

冬，公如晋。

十有二月，己巳，公及晋侯盟。

晋阳处父帅师伐楚救江。

◎此伐楚也，其言救江何？为谖也。其为谖奈何？伐楚为救江也。

四年，春，公至自晋。

夏，逆妇姜于齐。

◎其谓之逆妇姜于齐何？略之也。高子曰："娶乎大夫者，略之也。"

狄侵齐。

秋，楚人灭江。

晋侯伐秦。

卫侯使宁俞来聘。

冬，十有一月，壬寅，夫人风氏薨。

五年，春，王正月，王使荣叔归含，且赗。

◎含者何？口实也。其言归含且赗何？兼之，兼之非礼也。

三月，辛亥，葬我小君成风。

◎成风者何？僖公之母也。王使召伯来会葬。

夏，公孙敖如晋。

秦人入鄀。

秋，楚人灭六。

冬，十月，甲申，许男业卒。

六年，春，葬许僖公。

夏，季孙行父如陈。

秋，季孙行父如晋。

八月，乙亥，晋侯讙卒。

冬，十月，公子遂如晋，葬晋襄公。

晋杀其大夫阳处父。

晋狐射姑出奔狄。

◎晋杀其大夫阳处父，则狐射姑曷为出奔？射姑杀也。射姑杀则其称国以杀何？君漏言也。其漏言奈何？君将使射姑将，阳处父谏曰："射姑民众不说，不可使将。"于是废将。阳处父出，射姑入。君谓射姑曰："阳处父言曰：'射姑民众不说，不可使将。'"射姑怒，出刺阳处父于朝而走。

闰月不告月，犹朝于庙。

◎不告月者何？不告朔也。曷为不告朔？天无是月也。闰月矣，何以谓之天无是月？非常月也。犹者何？通可以已也。

七年，春，公伐邾娄。

三月，甲戌，取须朐。

◎取邑不日，此何以日？内辞也，使若他人然。

遂城郚。

夏，四月，宋公王臣卒。

宋人杀其大夫。

◎何以不名？宋三世无大夫，三世内娶也。

戊子，晋人及秦人战于令狐。晋先眛以师奔秦。

◎此偏战也，何以不言师败绩？敌也。此晋先眛也，其称人何？贬。曷为贬？外也。其外奈何？以师外也。何以不言出？遂在外也。

狄侵我西鄙。

秋，八月，公会诸侯、晋大夫盟于扈。

◎诸侯何以不序？大夫何以不名？公失序也。公失序奈何？诸侯不可使与公盟，眣晋大夫使与公盟也。

冬，徐伐莒。

公孙敖如莒莅盟。

八年，春，王正月。

夏，四月。

秋，八月，戊申，天王崩。

冬，十月，壬午，公子遂会晋赵盾，盟于衡雍。

乙酉，公子遂会伊雒戎盟于暴。

公孙敖如京师，不至复。丙戌，奔莒。

◎不至复者何？不至复者，内辞也，不可使往也。不可使往则其言如京师何？遂公意也。何以不言出？遂在外也。

螺。

宋人杀其大夫司马。

宋司城来奔。

◎司马者何？司城者何？皆官举也。曷为皆官举？宋三世无大夫，三世内娶也。

九年，春，毛伯来求金。

◎毛伯者何？天子之大夫也。何以不称使？当丧未君也。逾年矣，何以谓之未君？即位矣而未称王也。未称王何以知其即位？以诸侯之逾年即位，亦知天子之逾年即位也。以天子三年然后称王，亦知诸侯于其封内三年称子也，逾年称公矣。则曷为于其封内三年称子？缘民臣之心不可一日无君，缘终始之义，一年不二君，不可旷年无君。缘孝子之心，则三年不忍当也。毛伯来求金何以书？讥。何讥尔？王者无求，求金非礼也。然则是王者与？曰："非也。"非王者则曷为谓之王者？王者无求，曰："是子也，继文王之体，守文王之法度。文王之法无求，而求，故讥之也。"

夫人姜氏如齐。

二月，叔孙得臣如京师。

辛丑，葬襄王。

◎王者不书葬，此何以书？不及时书。过时书，我有往者则书。

晋人杀其大夫先都。

三月，夫人姜氏至自齐。

晋人杀其大夫士縠及箕郑父。

楚人伐郑。

公子遂会晋人、宋人、卫人、许人救郑。

夏，狄侵齐。

秋，八月，曹伯襄卒。

九月，癸酉，地震。

◎地震者何？动地也。何以书？记异也。

冬，楚子使椒来聘。

◎椒者何？楚大夫也。楚无大夫？此何以书？始有大夫也。始有大夫，则何以不氏？许夷狄者，不一而足也。

秦人来归僖公、成风之禭。

◎其言僖公、成风何？兼之。兼之非礼也。曷为不言及成风？成风尊也。

葬曹共公。

文公卷第十四（起十年，尽十八年）

十年，春，王三月，辛卯，臧孙辰卒。

夏，秦伐晋。

楚杀其大夫宜申。

自正月不雨，至于秋七月。

及苏子盟于女栗。

冬，狄侵宋。

楚子、蔡侯次于屈貉。

十有一年，春，楚子伐圈。

夏，叔彭生会晋郤缺于承匡。

秋，曹伯来朝。

公子遂如宋。

狄侵齐。

冬，十月，甲午，叔孙得臣败狄于咸。

◎狄者何？长狄也。兄弟三人，一者之齐，一者之鲁，一者之晋。其之齐者，王子成父杀之。其之鲁者，叔孙得臣杀之。则未知其之晋者也。其言败何？大之也。其日何？大之也。其地何？大之也。何以书？记异也。

十有二年，春，王正月，盛伯来奔。

盛伯者何？失地之君也。何以不名？兄弟辞也。

杞伯来朝。

二月，庚子，子叔姬卒。

◎此未适人，何以卒？许嫁矣。妇人许嫁，字而笄之，死则以成人之丧治之。其称子何？贵也。其贵奈何？母弟也。

夏，楚人围巢。

秋，滕子来朝。

秦伯使遂来聘。

◎遂者何？秦大夫也。秦无大夫，此何以书？贤缪公也。何贤乎缪公？以为能变也。其为能变奈何？惟諓諓善竫言，俾君子易怠。而况乎我多有之，惟一介断断焉无他技。其心休休，能有容，是难也。

冬，十有二月，戊午，晋人、秦人战于河曲。

◎此偏战也，何以不言师败绩？敌也。曷为以水地？河曲流矣，河千里而一曲也。

季孙行父帅师城诸及运。

十有三年，春，王正月。

夏，五月，壬午，陈侯朔卒。

邾娄子蘧篨卒。

自正月不雨，至于秋七月。

世室屋坏。

◎世室者何？鲁公之庙也。周公称大庙，鲁公称世室，群公称宫。此鲁公之庙也，曷为谓之世室？世室犹世室也，世世不毁也。周公何以称大庙于鲁？封鲁公以为周公也。周公拜乎前，鲁拜乎后。曰：“生以养周公，死以为周公主。”然则周公之鲁乎？曰：“不之鲁也。封鲁公以为周公主。”然则周公曷为不之鲁？欲天下之一乎周也。鲁祭周公何以为牲？周公用白牲，鲁公用骍犅，群公不毛。鲁祭周公何以为盛？周公盛，鲁公焘，群公廪。世室屋坏何以书？讥。何讥尔？久不修也。

冬，公如晋。

卫侯会于沓。

狄侵卫。

十有二月，己丑，公及晋侯盟。

还自晋。

郑伯会公于斐。

◎还者何？善辞也。何善尔？往党，卫侯会公于沓，至得与晋侯盟。反党，郑伯会公于斐，故善之也。

十有四年，春，王正月，公至自晋。

邾娄人伐我南鄙。

叔彭生帅师伐邾娄。

夏，五月，乙亥，齐侯潘卒。

六月，公会宋公、陈侯、卫侯、郑伯、许男、曹伯、晋赵盾，癸酉，同盟于新城。

秋，七月，有星孛入于北斗。

◎孛者何？彗星也。其言入于北斗何？北斗有中也。何以书？记异也。

公至自会。

晋人纳接菑于邾娄，弗克纳。

◎纳者何？入辞也。其言弗克纳何？大其弗克纳也。何大乎其弗克纳？晋郤缺帅师革车八百乘以纳接菑于邾娄，力沛若有余而纳之。邾娄人言曰："接菑晋出也，貜且齐出也。子以其指，则接菑也四，貜且也六。子以大国压之，则未知齐、晋孰有之也。贵则皆贵矣。虽然貜且也长。"郤缺曰："非吾力不能纳也，义实不尔克也。"引师而去之，故君子大其弗克纳也。此晋郤缺也，其称人何？贬。曷为贬？不与大夫与废置君也。曷为不与？实与而文不与。文曷为不与？大夫之义不得专废置君也。

九月，甲申，公孙敖卒于齐。

齐公子商人弑其君舍。

◎此未逾年之君也，其言弑君舍何？己立之，己杀之，成死者，而贱生者也。

宋子哀来奔。

宋子哀者何？无闻焉尔。

冬，单伯如齐，齐人执单伯，齐人执子叔姬。

◎执者曷为或称行人，或不称行人？称行人而执者，以其事执也。不称行人而执者，以己执也。单伯之罪何？道淫也。恶乎淫？淫乎子叔姬。然则曷为不言齐人执单伯及子叔姬？内辞也，使若异罪然。

十有五年，春，季孙行父如晋。

三月，宋司马华孙来盟。

夏，曹伯来朝。

齐人归公孙敖之丧。

◎何以不言来？内辞也。胁我而归之，筍将而来也。

六月，辛丑，朔，日有食之，鼓，用牲于社。

单伯至自齐。

晋郤缺帅师伐蔡。戊申，入蔡。

◎入不言伐，此其言伐何？至之日也。其日何？至之日也。

秋，齐人侵我西鄙。

季孙行父如晋。

冬，十有一月，诸侯盟于扈。

十有二月，齐人来归子叔姬。

◎其言来何？闵之也。此有罪，何闵尔？父母之于子，虽有罪，犹若其不欲服罪然。

齐侯侵我西鄙，遂伐曹，入其郛。

◎郛者何？恢郭也。入郛书乎？曰："不书。"入郛不书，此何以书？动我也。动我者何？内辞也。其实我动焉尔。

十有六年，春，季孙行父会齐侯于阳谷，齐侯弗及盟。

◎其言弗及盟何？不见与盟也。

夏五月，公四不视朔。

◎公曷为四不视朔？公有疾也。何言乎公有疾不视朔？自是公无疾，不视朔也。然则曷为不言公无疾不视朔？有疾犹可言也。无疾不可言也。

六月，戊辰，公子遂及齐侯盟于犀丘。

秋，八月，辛未，夫人姜氏薨。

毁泉台。

◎泉台者何？郎台也。郎台则曷为谓之泉台？未成为郎台，既成为泉台。毁泉台何以书？讥。何讥尔？筑之讥，毁之讥。先祖为之，已毁之，不如勿居而已矣。

楚人、秦人、巴人灭庸。

冬，十有一月，宋人弑其君处臼。

◎弑君者曷为或称名氏，或不称名氏？大夫弑君称名氏，贱者穷诸人，大夫相杀称人，贱者穷诸盗。

十有七年，春，晋人、卫人、陈人、郑人伐宋。

夏，四月，癸亥，葬我小君圣姜。

◎圣姜者何？文公之母也。

齐侯伐我西鄙。

六月，癸未，公及齐侯盟于谷。

诸侯会于扈。

秋，公至自谷。

公子遂如齐。

十有八年，春，王二月，丁丑，公薨于台下。

秦伯罃卒。

夏，五月，戊戌，齐人弑其君商人。

六月，癸酉，葬我君文公。

秋，公子遂、叔孙得臣如齐。

冬，十月，子卒。

◎子卒者孰谓？谓子赤也。何以不日？隐之也。何隐尔？弑也。弑则何以不日？不忍言也。

夫人姜氏归于齐。

季孙行父如齐。

莒弑其君庶其。

◎称国以弑何？称国以弑者，众弑君之辞。

宣公卷第十五（起元年，尽九年）

元年，春，王正月，公即位。

◎ 继弑君不言即位，此其言即位何？其意也。

公子遂如齐逆女。

三月，遂以夫人妇姜至自齐。

◎遂何以不称公子？一事而再见者，卒名也。夫人何以不称姜氏？贬。曷为贬？讥丧娶也。丧娶者公也，则曷为贬夫人？内无贬于公之道也。内无贬于公之道则曷为贬夫人？夫人与公一体也。其称妇何？有姑之辞也。

夏，季孙行父如齐。

晋放其大夫胥甲父于卫。

◎放之者何？犹曰无去是云尔。然则何言尔？近正也。此其为近正奈何？古者大夫已去，三年待放。君放之，非也，大夫待放，正也。古者臣有大丧，则君三年不呼其门。已练可以弁冕，服金革之事。君使之，非也，臣行之，礼也。闵子要绖而服事。既而曰："若此乎古之道，不即人心。"退而致仕。孔子盖善之也。

公会齐侯于平州。

公子遂如齐。

六月，齐人取济西田。

◎外取邑不书，此何以书？所以赂齐也。曷为赂齐？为弑子赤之赂也。

秋，邾娄子来朝。

楚子、郑人侵陈，遂侵宋。

晋赵盾帅师救陈。宋公、陈侯、卫侯、曹伯会晋师于斐林，伐郑。

◎此晋赵盾之师也。曷为不言赵盾之师？君不会大夫之辞也。

冬，晋赵穿帅师侵柳。

◎柳者何？天子之邑也。曷为不系乎周？不与伐天子也。

晋人、宋人伐郑。

二年，春，王二月，壬子，宋华元帅师及郑公子归生帅师战于大棘，宋师败绩，获宋华元。

秦师伐晋。

夏，晋人、宋人、卫人、陈人侵郑。

秋，九月，乙丑，晋赵盾弑其君夷獆。

冬，十月，乙亥，天王崩。

三年，春，王正月，郊。牛之口伤，改卜牛，牛死，乃不郊，犹三望。

◎其言之何？缓也。曷为不复卜？养牲养二卜。帝牲不吉，则扳稷牲而卜之。帝牲在于涤三月，于稷者，唯具是视。郊则曷为必祭稷？王者必以其祖配。王者则曷为必以其祖配？自内出者，无匹不行，自外至者，无主不止。

葬匡王。

楚子伐贲浑戎。

夏，楚人侵郑。

秋，赤狄侵齐。

宋师围曹。

冬，十月，丙戌，郑伯兰卒。

葬郑缪公。

四年，春，王正月，公及齐侯平莒及郯。莒人不肯，公伐莒，取向。

◎此平莒也，其言不肯何？辞取向也。

秦伯稻卒。

夏，六月，乙酉，郑公子归生弑其君夷。

赤狄侵齐。

秋，公如齐。

公至自齐。

冬，楚子伐郑。

五年，春，公如齐。

夏，公至自齐。

秋，九月，齐高固来逆子叔姬。

叔孙得臣卒。

冬，齐高固及子叔姬来。

◎何言乎高固之来？言叔姬之来而不言高固之来则不可。子公羊子曰："其诸为其双双而俱至者与？"

楚人伐郑。

六年，春，晋赵盾、卫孙免侵陈。

◎赵盾弑君，此其复见何？亲弑君者赵穿也。亲弑君者赵穿，则曷为加之赵盾？不讨贼也。何以谓之不讨贼？晋史书贼曰："晋赵盾弑其君夷獆。"赵盾曰："天乎无辜！吾不弑君，谁谓吾弑君者乎？"史曰："尔为仁为义，人弑尔君，而复国不讨贼，此非弑君如何？"赵盾之复国奈何？灵公为无道，使诸大夫皆内朝，然后处乎台上，引弹而弹之，已趋而辟丸，是乐而已矣。赵盾已朝而出，与诸大夫立于朝，有人荷畚，自闺而出者。赵盾曰："彼何也，夫畚曷为出乎闺？"呼之不至，曰："子大夫也，欲视之则就而视之。"赵盾就而视之，则赫然死人也。赵盾曰："是何也？"曰："膳宰也，熊蹯不熟，公怒以斗摮而杀之，支解，将使我弃之。"赵盾曰："嘻！"趋而入。灵公望见赵盾，愬而再拜。赵盾逡巡北面再拜稽首，趋而出，灵公心怍焉，欲杀之。于是使勇士某者往杀之，勇士入其大门，则无人门焉者；入其闺，则无人闺焉者；上其堂，则无人焉。俯而窥其户，方食鱼飧。勇士曰："嘻！子诚仁人也！吾入子之大门，则无人焉；入子之闺，则无人焉；上子之堂，则无人焉；是子之易也。子为晋国重卿而食鱼飧，是子之俭也。君将使我杀子，吾不忍杀子也。虽然，吾亦不可复见吾君矣。"遂刎颈而死。灵公闻之怒，滋欲杀之甚，众莫可使往者。于是伏甲于宫中，召赵盾而食之。赵盾之车右祁弥明者，国之力士也，仡然从乎赵盾而入，放乎堂下而立。赵盾已食，灵公谓盾曰："吾闻子之剑，盖利剑也，子以示我，吾将观焉。"赵盾起将进剑，祁弥明自下呼之曰："盾食饱则出，何故拔剑于君所？"赵盾知之，躇阶而走。灵公有周狗，谓之獒，呼獒而属之，獒亦躇阶而从之。祁弥明逆而踆之，绝其颔。赵盾顾曰："君之獒不若臣之獒也!"然而宫中甲鼓而起，有起于甲中者抱赵盾而乘之。赵盾顾曰："吾何以得此于子?"曰："子某时所食活我于暴桑下者也。"赵盾曰："子名为谁?"曰："吾君孰为介?子之乘矣，何问吾名?"赵盾驱而出，众无留之者。赵穿缘民众不说，起弑灵公，然后迎赵盾而入，与之立于朝，而立成公黑臀。

夏，四月。

秋，八月，螽。

冬，十月。

七年，春，卫侯使孙良夫来盟。

夏，公会齐侯伐莱。

秋，公至自伐莱。

大旱。

冬，公会晋侯、宋公、卫侯、郑伯、曹伯于黑壤。

八年，春，公至自会。

夏，六月，公子遂如齐，至黄乃复。

◎其言至黄乃复何?有疾也。何言乎有疾乃复?讥。何讥尔?大夫以君命出，闻丧徐行而不反。

辛巳，有事于太庙。

仲遂卒于垂。

◎仲遂者何?公子遂也。何以不称公子?贬。曷为贬?为弑子赤贬。然则曷为不于其弑焉贬?于文则无罪，于子则无年。

壬午，犹绎。万入去籥。

◎绎者何？祭之明日也。万者何？干舞也。籥者何？籥舞也。其言万入去籥何？去其有声者，废其无声者，存其心焉尔。存其心焉尔者何？知其不可而为之也。犹者何？通可以已也。

戊子，夫人熊氏薨。

晋师、白狄伐秦。

楚人灭舒、蓼。

秋，七月，甲子，日有食之，既。

冬，十月，己丑，葬我小君顷熊。雨，不克葬。庚寅，日中而克葬。

◎顷熊者何？宣公之母也。而者何？难也。乃者何？难也。曷为或言而言乃？乃难乎而也。

城平阳。

楚师伐陈。

九年，春，王正月，公如齐。

公至自齐。

夏，仲孙蔑如京师。

齐侯伐莱。

秋，取根牟。

◎根牟者何？邾娄之邑也。曷为不系乎邾娄？讳亟也。

八月，滕子卒。

九月，晋侯、宋公、卫侯、郑伯、曹伯会于扈。

晋荀林父帅师伐陈。

辛酉，晋侯黑臀卒于扈。

◎扈者何？晋之邑也。诸侯卒其封内不地，此何以地？卒于会，故地也。未出其地，故不言会也。

冬，十月，癸酉，卫侯郑卒。

宋人围滕。

楚子伐郑。

晋郤缺帅师救郑。

陈杀其大夫泄冶。

宣公卷第十六（起十年，尽十八年）

十年，春，公如齐。公至自齐。齐人归我济西田。

◎齐已取之矣，其言我何？言我者未绝于我也。曷为未绝于我？齐已言取之矣，其实未之齐也。

夏，四月，丙辰，日有食之。

己巳，齐侯元卒。

齐崔氏出奔卫。

◎崔氏者何？齐大夫也。其称崔氏何？贬。曷为贬？讥世卿，世卿非礼也。

公如齐。

五月，公至自齐。

癸巳，陈夏征舒弑其君平国。

六月，宋师伐滕。

公孙归父如齐，葬齐惠公。

晋人、宋人、卫人、曹人伐郑。

秋，天王使王季子来聘。

◎王季子者何？天子之大夫也。其称王季子何？贵也。其贵奈何？母弟也。

公孙归父帅师伐邾娄，取蘱。

大水。

季孙行父如齐。

冬，公孙归父如齐。

齐侯使国佐来聘。

饥。

◎何以书？以重书也。

楚子伐郑。

十有一年，春，王正月。

夏，楚子、陈侯、郑伯盟于辰陵。

公孙归父会齐人伐莒。

秋，晋侯会狄于欑函。

冬，十月，楚人杀陈夏征舒。

◎此楚子也，其称人何？贬。曷为贬？不与外讨也。不与外讨者，因其讨乎外而不与也，虽内讨亦不与也。曷为不与？实与而文不与。文曷为不与？诸侯之义不得专讨也。诸侯之义不得专讨，则其曰实与之何？上无天子，下无方伯，天下诸侯有为无道者，臣弑君，子弑父，力能讨之，则讨之可也。

丁亥，楚子入陈，纳公孙宁、仪行父于陈。

◎此皆大夫也，其言纳何？纳公党与也。

十有二年，春，葬陈灵公。

◎讨此贼者非臣子也，何以书葬？君子辞也。楚已讨之矣，臣子虽欲讨之而无所讨也。

楚子围郑。

夏，六月，乙卯，晋荀林父帅师及楚子战于邲，晋师败绩。

◎大夫不敌君，此其称名氏以敌楚子何？不与晋而与楚子为礼也。曷为不与晋而与楚子为礼也？庄王伐郑，胜乎皇门，放乎路衢。郑伯肉袒，左执茅旌，右执鸾刀，以逆庄王曰：“寡人无良，边垂之臣，以干天祸，是以使君王沛焉辱到敝邑。君如矜此丧人，锡之不毛之地，使帅一二耋老而绥焉，请唯君王之命。”庄王曰：“君之不令臣交易为言，是以使寡人得见君之玉面，而微至乎此。”庄王亲自手旌，左右抝军退舍七里。将军子重谏曰：“南郢之与郑相去数千里，诸大夫死者数人，厮役扈养死者数百人，今君胜郑而不有，无乃失民臣之力乎？”庄王曰：“古者杅不穿，皮不蠹，则不出于四方。是以君子笃于礼而薄于利，要其人而不要其土，告从，不赦，不详，吾以不详道民，灾及吾身，何日之有？”既则晋师之救郑者至，曰：“请战。”庄王许诺。将军子重谏曰：“晋，大国也，王师淹病矣，君请勿许也。”庄王曰：“弱者吾威之，强者吾辟之，是以使寡人无以立乎天下。”令之还师而逆晋寇。庄王鼓之，晋师大败，晋众之走者，舟中之指可掬矣。庄王曰：“嘻！吾两君不相好，百姓何罪？”令之还师而佚晋寇。

秋，七月。

冬，十有二月，戊寅，楚子灭萧。

晋人、宋人、卫人、曹人同盟于清丘。

宋师伐陈。

卫人救陈。

十有三年，春，齐师伐卫。

夏，楚子伐宋。

秋，螽。

冬，晋杀其大夫先縠。

十有四年，春，卫杀其大夫孔达。

夏，五月，壬申，曹伯寿卒。

晋侯伐郑。

秋，九月，楚子围宋。

葬曹文公。

冬，公孙归父会齐侯于谷。

十有五年，春，公孙归父会楚子于宋。

夏，五月，宋人及楚人平。

◎外平不书。此何以书？大其平乎已也。何大乎其平乎已？庄王围宋，军有七日之粮尔，尽此不胜，将去而归尔。于是使司马子反乘堙而窥宋城，宋华元亦乘堙而出见之。司马子反曰："子之国何如？"华元曰："惫矣。"曰："何如？"曰："易子而食之，析骸而炊之。"司马子反曰："嘻！甚矣惫！虽然，吾闻之也，围者柑马而秣之，使肥者应客，是何子之情也。"华元曰："吾闻之，君子见人之厄则矜之，小人见人之厄则幸之。吾见子之君子也，是以告情于子也。"司马子反曰："诺，勉之矣！吾军亦有七日之粮尔，尽此不胜，将去而归尔。"揖而去之，反于庄王。庄王曰："何如？"司马子反曰："惫矣！"曰："何如？"曰："易子而食之，析骸而炊之。"庄王曰："嘻！甚矣惫！虽然，吾今取此然后而归尔。"司马子反曰："不可。臣已告之矣，军有七日之粮尔。"庄王怒曰："吾使子往视之，子曷为告之？"司马子反曰："以区区之宋，犹有不欺人之臣，可以楚而无乎？是以告之也。”庄王曰：“诺。舍而止。虽然，吾犹取此然后归尔。”司马子反曰：“然则君请处于此，臣请归尔。”庄王曰：“子去我而归，吾孰与处于此？吾亦从子而归尔。”引师而去之，故君子大其平乎已也。此皆大夫也，其称人何？贬。曷为贬？平者在下也。

六月，癸卯，晋师灭赤狄潞氏，以潞子婴儿归。

◎潞何以称子？潞子之为善也，躬足以亡尔。虽然，君子不可不记也。离于夷狄，而未能合于中国，晋师伐之，中国不救，狄人不有，是以亡也。

秦人伐晋。

王札子杀召伯、毛伯。

◎王札子者何？长庶之号也。

秋。螽。

仲孙蔑会齐高固于牟娄。

初税亩。

◎初者何？始也。税亩者何？履亩而税也。初税亩何以书？讥。何讥尔？讥始履亩而税也。何讥乎始履亩而税？古者什一而藉。古者曷为什一而藉？什一者，天下之中正也。多乎什一，大桀小桀。寡乎什一，大貉小貉。什一者，天下之中正也，什一行而颂声作矣。

冬，蝝生。

◎未有言蝝生者，此其言蝝生何？蝝生不书，此何以书？幸之也。幸之者何？犹曰受之云尔。受之云尔者何？上变古易常，应是而有天灾，其诸则宜于此焉变矣。

饥。

十有六年，春，王正月，晋人灭赤狄甲氏及留吁。

夏，成周宣谢灾。

◎成周者何？东周也。宣谢者何？宣宫之谢也。何言乎成周宣谢灾？乐器藏焉尔。成周宣谢灾何以书？记灾也。外灾不书，此何以书？新周也。

秋，郯伯姬来归。

冬，大有年。

十有七年，春，王正月，庚子，许男锡我卒。

丁未，蔡侯申卒。

夏，葬许昭公。

葬蔡文公。

六月，癸卯，日有食之。

己未，公会晋侯、卫侯、曹伯、邾娄子同盟于断道。

秋，公至自会。

冬，十有一月，壬午，公弟叔肸卒。

十有八年，春，晋侯、卫世子臧伐齐。

公伐杞。

夏，四月。

秋，七月，邾娄人戕鄫子于鄫。

◎戕鄫子于鄫者何？残贼而杀之也。

甲戌，楚子旅卒。

◎何以不书葬？吴、楚之君不书葬，辟其号也。

公孙归父如晋。

冬，十月，壬戌，公薨于路寝。

归父还自晋，至柽，遂奔齐。

◎还者何？善辞也。何善尔？归父使于晋，还自晋，至柽，闻君薨家遣，墠帷，哭君成踊，反命乎介，自是走之齐。

成公卷第十七（起元年，尽十年）

春，王正月，公即位。

二月，辛酉，葬我君宣公。

无冰。

三月，作丘甲。

◎何以书？讥。何讥尔？讥始丘使也。

夏，臧孙许及晋侯盟于赤棘。

秋，王师败绩于贸戎。

◎孰败之？盖晋败之，或曰贸戎败之。然则曷为不言晋败之？王者无敌，莫敢当也。

冬，十月。

二年，春，齐侯伐我北鄙。

夏，四月，丙戌，卫孙良夫帅师及齐师战于新筑，卫师败绩。

六月，癸酉，季孙行父、臧孙许、叔孙侨如、公孙婴齐帅师会晋郤克、卫孙良夫、曹公子手及齐侯战于鞍，齐师败绩。

◎曹无大夫，公子手何以书？忧内也。

秋，七月，齐侯使国佐如师。己酉，及国佐盟于袁娄。

◎君不使乎大夫，此其行使乎大夫何？佚获也。其佚获奈何？师还齐侯，晋郤克投戟逡巡再拜稽首马前。逢丑父者，顷公之车右也，面目与顷公相似，衣服与顷公相似，代顷公当左。使顷公取饮，顷公操饮而至，曰："革取清者。"顷公用是佚而不反。逢丑父曰："吾赖社稷之神灵，吾君已免矣。"郤克曰："欺三军者其法奈何？"曰："法斮。"于是斮逢丑父。己酉，及齐国佐盟于袁娄。曷为不盟于师而盟于袁娄？前此者，晋郤克与臧孙许同时而聘于齐。萧同侄子者，齐君之母也，踊于棓而窥客，则客或跛或眇，于是使跛者迓跛者，使眇者迓眇者。二大夫出，相与踦闾而语，移日然后相去。齐人皆曰："患之起必自此始！"二大夫归，相与率师为鞌之战，齐师大败。齐侯使国佐如师，郤克曰："与我纪侯之甗，反鲁、卫之侵地，使耕者东亩，且以萧同侄子为质，则吾舍子矣。"国佐曰："与我纪侯之甗，请诺。反鲁、卫之侵地，请诺。使耕者东亩，是则土齐也。萧同侄子者，齐君之母也，齐君之母，犹晋君之母也，不可。请战，壹战不胜，请再。再战不胜，请三。三战不胜，则齐国尽子之有也，何必以萧同侄子为质？"揖而去之。郤克眣鲁、卫之使，使以其辞而为之请，然后许之。逮于袁娄而与之盟。

八月，壬午，宋公鲍卒。

庚寅，卫侯遬卒。

取汶阳田。

◎汶阳田者何？鞌之赂也。

冬，楚师、郑师侵卫。

十有一月，公会楚公子婴齐于蜀。

丙申，公及楚人、秦人、宋人、陈人、卫人、郑人、齐人、曹人、邾娄人、薛人、鄫人盟于蜀。

◎此楚公子婴齐也，其称人何？得一贬焉尔。

三年，春，王正月，公会晋侯、宋公、卫侯、曹伯伐郑。

辛亥，葬卫缪公。

二月，公至自伐郑。

甲子，新宫灾，三日哭。

◎新宫者何？宣公之宫也。宣宫则曷为谓之新宫？不忍言也。其言三日哭何？庙灾，三日哭，礼也。新宫灾，何以书？记灾也。

乙亥，葬宋文公。

夏，公如晋。

郑公子去疾帅师伐许。

公至自晋。

秋，叔孙侨如率师围棘。

◎棘者何？汶阳之不服邑也。其言围之何？不听也。

大雩。

晋郤克、卫孙良夫伐将咎如。

冬，十有一月，晋侯使荀庚来聘。

卫侯使孙良夫来聘。

丙午，及荀庚盟。

丁未，及孙良夫盟。

◎此聘也，其言盟何？聘而言盟者，寻旧盟也。

郑伐许。

四年，春，宋公使华元来聘。

三月，壬申，郑伯坚卒。

杞伯来朝。

夏，四月，甲寅，臧孙许卒。

公如晋。

葬郑襄公。

秋，公至自晋。

冬，城运。

郑伯伐许。

五年，春，王正月，杞叔姬来归。

仲孙蔑如宋。

夏，叔孙侨如会晋荀秀于谷。

梁山崩。

◎梁山者何？河上之山也。梁山崩何以书？记异也。何异尔？大也。何大尔？梁山崩，壅河三日不沄。外异不书，此何以书？为天下记异也。

秋，大水。

冬，十有一月，己酉，天王崩。

十有二月，己丑，公会晋侯、齐侯、宋公、卫侯、郑伯、曹伯、邾娄子、杞伯同盟于虫牢。

六年，春，王正月，公至自会。

二月，辛巳，立武宫。

◎武宫者何？武公之宫也。立者何？立者不宜立也。立武宫，非礼也。

取鄟。

◎郚者何？邾娄之邑也。曷为不系于邾娄？讳亟也。

卫孙良夫率师侵宋。

夏，六月，邾娄子来朝。

公孙婴齐如晋。

壬申，郑伯费卒。

秋，仲孙蔑、叔孙侨如率师侵宋。

楚公子婴齐率师伐郑。

冬，季孙行父如晋。

晋栾书率师侵郑。

七年，春，王正月，鼷鼠食郊牛角。改卜牛，鼷鼠又食其角，乃免牛。

吴伐郯。

夏，五月，曹伯来朝。

不郊，犹三望。

秋，楚公子婴齐率师伐郑。

公会晋侯、齐侯、宋公、卫侯、曹伯、莒子、邾娄子、杞伯救郑。

八月，戊辰，同盟于马陵。

公至自会。

吴入州来。

冬，大雩。

卫孙林父出奔晋。

八年，春，晋侯使韩穿来言汶阳之田，归之于齐。

◎来言者何？内辞也，胁我使我归之也。曷为使我归之？鞌之战，齐师大败，齐侯归，吊死视疾，七年不饮酒、不食肉。晋侯闻之曰：“嘻！奈何使人之君七年不饮酒、不食肉，请皆反其所取侵地。”

晋栾书帅师侵蔡。

公孙婴齐如莒。

宋公使华元来聘。

夏，宋公使公孙寿来纳币。

◎纳币不书，此何以书？录伯姬也。

晋杀其大夫赵同、赵括。

秋，七月，天子使召伯来锡公命。

◎其称天子何？元年春王正月，正也，其余皆通矣。

冬，十月，癸卯，杞叔姬卒。

晋侯使士燮来聘。

叔孙侨如会晋士燮、齐人、邾娄人伐郯。

卫人来媵。

◎媵不书，此何以书？录伯姬也。

九年，春，王正月，杞伯来逆叔姬之丧以归。

◎杞伯曷为来逆叔姬之丧以归？内辞也，胁而归之也。

公会晋侯、齐侯、宋公、卫侯、郑伯、曹伯、莒子、杞伯同盟于蒲。

公至自会。

二月，伯姬归于宋。

夏，季孙行父如宋致女。

◎未有言致女者，此其言致女何？录伯姬也。

晋人来媵。

◎媵不书，此何以书？录伯姬也。

秋，七月，丙子，齐侯无野卒。

晋人执郑伯。

晋栾书帅师伐郑。

冬，十有一月，葬齐顷公。

楚公子婴齐帅师伐莒。庚申，莒溃。

楚人入运。

秦人、白狄伐晋。

郑人围许。

城中城。

十年，春，卫侯之弟黑背率师侵郑。

夏，四月，五卜郊不从，乃不郊。

◎其言乃不郊何？不免牲，故言乃不郊也。

五月，公会晋侯、齐侯、宋公、卫侯、曹伯伐郑。

齐人来媵。

◎媵不书，此何以书？录伯姬也。三国来媵非礼也，曷为皆以录伯姬之辞言之？妇人以众多为侈也。

丙午，晋侯孺卒。

秋，七月。

公如晋。

成公卷第十八（起十一年，尽十八年）

十有一年，春，王三月，公至自晋。

晋侯使郤州来聘。己丑，及郤州盟。

夏，季孙行父如晋。

秋，叔孙侨如如齐。

冬十月。

十有二年，春，周公出奔晋。

◎周公者何？天子之三公也。王者无外，此其言出何？自其私土而出也。

夏，公会晋侯、卫侯于沙泽。

秋，晋人败狄于交刚。

冬，十月。

十有三年，春，晋侯使郤锜来乞师。

三月，公如京师。

夏，五月，公自京师遂会晋侯、齐侯、宋公、卫侯、郑伯、曹伯、邾娄人、滕人伐秦。

◎其言自京师何？公凿行也。公凿行奈何？不敢过天子也。

曹伯庐卒于师。

秋，七月，公至自伐秦。

冬，葬曹宣公。

十有四年，春，王正月，莒子朱卒。

夏，卫孙林父自晋归于卫。

秋，叔孙侨如如齐逆女。

郑公子喜率师伐许。

九月，侨如以夫人妇姜氏至自齐。

冬，十月，庚寅，卫侯臧卒。

秦伯卒。

十有五年，春，王二月，葬卫定公。

三月，乙巳，仲婴齐卒。

◎仲婴齐者何？公孙婴齐也。公孙婴齐则曷为谓之仲婴齐？为兄后也。为兄后则曷为谓之仲婴齐？为人后者为之子也。为人后者为其子，则其称仲何？孙以王父字为氏也。然则婴齐孰后？归父也。归父使于晋而未反，何以后之？叔仲惠伯傅子赤者也，文公死，子幼，公子遂谓叔仲惠伯曰："君幼如之何？愿与子虑之。"叔仲惠伯曰："吾子相之，老夫抱之，何幼君之有？"公子遂知其不可与谋，退而杀叔仲惠伯，弑子赤而立宣公。宣公死，成公幼，臧宣公者相也。君死不哭，聚诸大夫而问焉曰："昔者叔仲惠伯之事，孰为之？"诸大夫皆杂然曰："仲氏也，其然乎？"于是遣归父之家，然后哭君，归父使乎晋，还自晋，至柽，闻君薨家遣，埠帷，哭君成踊，反命于介，自是走之齐。鲁人徐伤归父之无后也，于是使婴齐后之也。

癸丑，公会晋侯、卫侯、郑伯、曹伯、宋世子成、齐国佐、邾娄人同盟于戚。晋侯执曹伯归之于京师。公至自会。

夏，六月，宋公固卒。

楚子伐郑。

秋，八月，庚辰，葬宋共公。

宋华元出奔晋。

宋华元自晋归于宋。

宋杀其大夫山。

宋鱼石出奔楚。

冬，十有一月，叔孙侨如会晋士燮、齐高无咎、宋华元、卫孙林父、郑公子鳅、邾娄人会吴于钟离。

◎曷为殊会吴？外吴也。曷为外也？《春秋》内其国而外诸夏，内诸夏而外夷狄。王者欲一乎天下，曷为以外内之辞言之？言自近者始也。

许迁于叶。

十有六年，春，王正月，雨木冰。

◎雨木冰者何？雨而木冰也。何以书？记异也。

夏，四月，辛未，滕子卒。

郑公子喜帅师侵宋。

六月，丙寅，朔，日有食之。

晋侯使栾黡来乞师。

甲午，晦。

◎晦者何？冥也。何以书？记异也。

晋侯及楚子、郑伯战于鄢陵，楚子、郑师败绩。

◎败者称师，楚何以不称师？王痍也。王痍者何？伤乎矢也。然则何以不言师败绩？末言尔。

楚杀其大夫公子侧。

秋，公会晋侯、齐侯、卫侯、宋华元、邾娄人于沙随。不见公，公至自会。

◎不见公者何？公不见见也。公不见见，大夫执。何以致会？不耻也。曷为不耻？公幼也。

公会尹子、晋侯、齐国佐、邾娄人伐郑。

曹伯归自京师。

◎执而归者名，曹伯何以不名？而不言复归于曹何？易也。其易奈何？公子喜时在内也。公子喜时在内，则何以易？公子喜时者，仁人也。内平其国而待之，外治诸京师而免之。其言自京师何？言甚易也，舍是无难矣。

九月，晋人执季孙行父，舍之于招丘。

◎执，未可言舍之者，此其言舍之何？仁之也。曰在招丘悕矣。执，未有言人之者，此其言人之何？代公执也。其代公执奈何？前此者晋人来乞师而不与，公会晋侯将执公，季孙行父曰："此臣之罪也。"于是执季孙行父。成公将会晋厉公，会不当期，将执公。季孙行父曰："臣有罪，执其君；子有罪，执其父；此听失之大者也。今此臣之罪也，舍臣之身，而执臣之君，吾恐听失之为宗庙羞也。"于是执季孙行父。

冬，十月，乙亥，叔孙侨如出奔齐。

十有二月，乙丑，季孙行父及晋郤州盟于扈。

公至自会。

乙酉，刺公子偃。

十有七年，春，卫北宫结率师侵郑。

夏，公会尹子、单子、晋侯、齐侯、宋公、卫侯、曹伯、邾娄人伐郑。

六月，乙酉，同盟于柯陵。

秋，公至自会。

齐高无咎出奔莒。

九月，辛丑，用郊。

◎用者何？用者不宜用也，九月非所用郊也。然则郊曷用？郊用正月上辛，或曰用然后郊。

晋侯使荀罃来乞师。

冬，公会单子、晋侯、宋公、卫侯、曹伯、齐人、邾娄人伐郑。

十有一月，公至自伐郑。

壬申，公孙婴齐卒于狸轸。

◎非此月日也，曷为以此月日卒之？待君命然后卒大夫。曷为待君命然后卒大夫？前此者婴齐走之晋，公会晋侯，将执公。婴齐为公请，公许之，反为大夫，归至于狸轸而卒。无君命不敢卒大夫，公至，曰："吾固许之，反为大夫。"然后卒之。

十有二月，丁巳，朔，日有食之。

邾娄子貜且卒。

晋杀其大夫郤锜、郤州、郤至。

楚人灭舒庸。

十有八年，春，王正月，晋杀其大夫胥童。

庚申，晋弑其君州蒲。

齐杀其大夫国佐。

公如晋。

夏，楚子、郑伯伐宋。

宋鱼石复入于彭城。

公至自晋。

晋侯使士匄来聘。

秋，杞伯来朝。

八月，邾娄子来朝。

筑鹿囿。

◎何以书？讥。何讥尔？有囿矣，又为也。

己丑，公薨于路寝。

冬，楚人、郑人侵宋。

晋侯使士彭来乞师。

十有二月，仲孙蔑会晋侯、宋公、卫侯、邾娄子、齐崔杼同盟于虚朾。

丁未，葬我君成公。

襄公卷第十九（起元年，尽十一年）

元年，春，王正月，公即位。

仲孙蔑会晋栾黡、宋华元、卫宁殖、曹人、莒人、邾娄人、滕人、薛人围宋彭城。

◎宋华元曷为与诸侯围宋彭城？为宋诛也。其为宋诛奈何？鱼石走之楚，楚为之伐宋取彭城以封鱼石。鱼石之罪奈何？以入是为罪也。楚已取之矣，曷为系之宋？不与诸侯专封也。

夏，晋韩屈帅师伐郑。

仲孙蔑会齐崔杼、曹人、邾娄人、杞人次于合。

秋，楚公子壬夫帅师侵宋。

九月，辛酉，天王崩。

邾娄子来朝。

冬，卫侯使公孙剽来聘。

晋侯使荀罃来聘。

二年，春，王正月，葬简王。

郑师伐宋。

夏，五月，庚寅，夫人姜氏薨。

六月，庚辰，郑伯睔卒。

晋师、宋师、卫宁殖侵郑。

秋，七月，仲孙蔑会晋荀罃、宋华元、卫孙林父、曹人、邾娄人于戚。

己丑，葬我小君齐姜。

◎齐姜者何？齐姜与缪姜则未知其为宣夫人与？成夫人与？

叔孙豹如宋。

冬，仲孙蔑会晋荀罃、齐崔杼、宋华元、卫孙林父、曹人、邾娄人、滕人、薛人、小邾娄人于戚，遂城虎牢。

◎虎牢者何？郑之邑也。其言城之何？取之也。取之则曷为不言取之？为中国讳也。曷为为中国讳？讳伐丧也。曷为不系乎郑？为中国讳也。大夫无遂事，此其言遂何？归恶乎大夫也。

楚杀其大夫公子申。

三年，春，楚公子婴齐帅师伐吴。

公如晋。

夏，四月，壬戌，公及晋侯盟于长樗。公至自晋。

六月，公会单子、晋侯、宋公、卫侯、郑伯、莒子、邾娄子、齐世子光，己未，同盟于鸡泽。陈侯使袁侨如会。

◎其言如会何？后会也。

戊寅，叔孙豹及诸侯之大夫及陈袁侨盟。

◎曷为殊及陈袁侨？为其与袁侨盟也。

秋，公至自会。

冬，晋荀罃帅师伐许。

四年，春，王三月，己酉，陈侯午卒。

夏，叔孙豹如晋。

秋，七月，戊子，夫人弋氏薨。

葬陈成公。

八月，辛亥，葬我小君定弋。

◎定弋者，襄公之母也。

冬，公如晋。陈人围顿。

五年，春，公至自晋。

夏，郑伯使公子发来聘。

叔孙豹、鄫世子巫如晋。

◎外相如不书，此何以书？为叔孙豹率而与之俱也。叔孙豹则曷为率而与之俱？盖舅出也。莒将灭之，故相与往殆乎晋也。莒将灭之，则曷为相与往殆乎晋？取后乎莒也。其取后乎莒奈何？莒女有为鄫夫人者，盖欲立其出也。

仲孙蔑、卫孙林父会吴于善稻。

秋，大雩。

楚杀其大夫公子壬夫。

公会晋侯、宋公、陈侯、卫侯、郑伯、曹伯、莒子、邾娄子、滕子、薛伯、齐世子光、吴人、鄫人于戚。

◎吴何以称人？吴、鄫人云则不辞。

公至自会。

冬，戍陈。

◎孰戍之？诸侯戍之。曷为不言诸侯戍之？离至不可得而序，故言我也。

楚公子贞帅师伐陈。

公会晋侯、宋公、卫侯、郑伯、曹伯、莒子、邾娄子、滕子、薛伯、齐世子光救陈。

十有二月，公至自救陈。

辛未，季孙行父卒。

六年，春，王三月，壬午，杞伯姑容卒。

夏，宋华弱来奔。

秋，葬杞桓公。

滕子来朝。

莒人灭鄫。

冬，叔孙豹如邾娄。

季孙宿如晋。

十有二月，齐侯灭莱。

◎曷为不言莱君出奔？国灭，君死之，正也。

七年，春，郯子来朝。

夏，四月，三卜郊不从，乃免牲。

小邾娄子来朝。

城费。

秋，季孙宿如卫。

八月，螽。

冬，十月，卫侯使孙林父来聘。壬戌，及孙林父盟。

楚公子贞帅师围陈。

十有二月，公会晋侯、宋公、陈侯、卫侯、曹伯、莒子、邾娄子于鄬。郑伯髡原如会，未见诸侯，丙戌卒于操。

◎操者何？郑之邑也。诸侯卒其封内不地，此何以地？隐之也。何隐尔？弑也。孰弑之？其大夫弑之。曷为不言其大夫弑之？为中国讳也。曷为为中国讳？郑伯将会诸侯于鄬，其大夫谏曰："中国不足归也，则不若与楚。"郑伯曰："不可。"其大夫曰："以中国为义，则伐我丧，以中国为强，则不若楚。"于是弑之。郑伯髡原何以名？伤而反，未至乎舍而卒也。未见诸侯，其言如会何？致其意也。

陈侯逃归。

八年，春，王正月，公如晋。

夏，葬郑僖公。

◎贼未讨，何以书葬？为中国讳也。

郑人侵蔡，获蔡公子燮。

◎此侵也，其言获何？侵而言获者，适得之也。

季孙宿会晋侯、郑伯、齐人、宋人、卫人、邾娄人于邢丘。

公至自晋。

莒人伐我东鄙。

秋，九月，大雩。

冬，楚公子贞帅师伐郑。

晋侯使士匄来聘。

九年，春，宋火。

◎曷为或言灾，或言火？大者曰灾，小者曰火。然则内何以不言火？内不言火者，甚之也。何以书？记灾也。外灾不书，此何以书？为王者之后记灾也。

夏，季孙宿如晋。

五月，辛酉，夫人姜氏薨。

秋，八月，癸未，葬我小君缪姜。

冬，公会晋侯、宋公、卫侯、曹伯、莒子、邾娄子、滕子、薛伯、杞伯、小邾娄子、齐世子光伐郑。十有二月己亥，同盟于戏。

楚子伐郑。

十年，春，公会晋侯、宋公、卫侯、曹伯、莒子、邾娄子、滕子、薛伯、杞伯、小邾娄子、齐世子光，会吴于柤。

夏，五月，甲午，遂灭偪阳。公至自会。

楚公子贞、郑公孙辄帅师伐宋。

晋师伐秦。

秋，莒人伐我东鄙。

公会晋侯、宋公、卫侯、曹伯、莒子、邾娄子、齐世子光、滕子、薛伯、杞伯、小邾娄子伐郑。

冬，盗杀郑公子斐、公子发、公孙辄。

戍郑虎牢。

◎孰戍之？诸侯戍之。曷为不言诸侯戍之？离至不可得而序，故言我也。诸侯已取之矣，曷为系之郑？诸侯莫之主有，故反系之郑。

楚公子贞帅师救郑。

公至自伐郑。

十有一年，春，王正月，作三军。

◎三军者何？三卿也。作三军何以书？讥。何讥尔？古者上卿、下卿、上士、下士。

夏，四月，四卜郊，不从，乃不郊。

郑公孙舍之帅师侵宋。

公会晋侯、宋公、卫侯、曹伯、齐世子光、莒子、邾娄子、滕子、薛伯、杞伯、小邾娄子伐郑。

秋，七月，己未，同盟于京城北。公至自伐郑。

楚子、郑伯伐宋。

公会晋侯、宋公、卫侯、曹伯、齐世子光、莒子、邾娄子、滕子、薛伯、杞伯、小邾娄子伐郑，会于萧鱼。

◎此伐郑也，其言会于萧鱼何？盖郑与会尔。

公至自会。

楚人执郑行人良霄。

冬，秦人伐晋。

襄公卷第二十（起十二年，尽二十四年）

十有二年，春，王三月，莒人伐我东鄙，围台。

◎邑不言围，此其言围何？伐而言围者，取邑之辞也，伐而不言围者，非取邑之辞也。

季孙宿帅师救台，遂入运。

◎大夫无遂事，此其言遂何？公不得为政尔。

夏，晋侯使士彭来聘。

秋，九月，吴子乘卒。

冬，楚公子贞帅师侵宋。

公如晋。

十有三年，春，公至自晋。

夏，取诗。

◎诗者何？邾娄之邑也。曷为不系乎邾娄？讳亟也。

秋，九月，庚辰，楚子审卒。

冬，城防。

十有四年，春王正月，季孙宿、叔老会晋士匄、齐人、宋人、卫人、郑公孙哑、曹人、莒人、邾娄人、滕人、薛人、杞人、小邾娄人，会吴于向。

二月，乙未，朔，日有食之。

夏，四月，叔孙豹会晋荀偃、齐人、宋人、卫北宫结、郑公孙哑、曹人、莒人、邾娄人、滕人、薛人、杞人、小邾娄人伐秦。

己未，卫侯衎出奔齐。

莒人侵我东鄙。

秋，楚公子贞帅师伐吴。

冬，季孙宿会晋士匄、宋华阅、卫孙林父、郑公孙哑、莒人、邾娄人于戚。

十有五年，春，宋公使向戌来聘。

二月，己亥，及向戌盟于刘。

刘夏逆王后于齐。

◎刘夏者何？天子之大夫也。刘者何？邑也。其称刘何？以邑氏也。外逆女不书，此何以书？过我也。

夏，齐侯伐我北鄙，围成。公救成，至遇。

◎其言至遇何？不敢进也。

季孙宿、叔孙豹帅师城成郛。

秋，八月，丁巳，日有食之。

邾娄人伐我南鄙。

冬，十有一月，癸亥，晋侯周卒。

十有六年，春，王正月，葬晋悼公。

三月，公会晋侯、宋公、卫侯、郑伯、曹伯、莒子、邾娄子、薛伯、杞伯、小邾娄子于溴梁。戊寅，大夫盟。

◎诸侯皆在是，其言大夫盟何？信在大夫也。何言乎信在大夫？遍刺天下之大夫也。曷为遍刺天下之大夫？君若赘旒然。晋人执莒子、邾娄子以归。

齐侯伐我北鄙。

夏，公至自会。

五月，甲子，地震。

叔老会郑伯、晋荀偃、卫宁殖、宋人伐许。

秋，齐侯伐我北鄙，围成。

大雩。

冬，叔孙豹如晋。

十有七年，春王二月庚午，邾娄子瞯卒。

宋人伐陈。

夏，卫石买帅师伐曹。

秋，齐侯伐我北鄙，围洮。

齐高厚帅师伐我北鄙，围防。

九月，大雩。

宋华臣出奔陈。

冬，邾娄人伐我南鄙。

十有八年，春，白狄来。

◎白狄者何？夷狄之君也。何以不言朝？不能朝也。

夏，晋人执卫行人石买。

秋，齐师伐我北鄙。

冬，十月，公会晋侯、宋公、卫侯、郑伯、曹伯、莒子、邾娄子、滕子、薛伯、杞伯、小邾娄子同围齐。曹伯负刍卒于师。

楚公子午帅师伐郑。

十有九年，春，王正月，诸侯盟于祝阿。晋人执邾娄子。公至自伐齐。

◎此同围齐也，何以致伐？未围齐也。未围齐则其言围齐何？抑齐也。曷为抑齐？为其亟伐也。或曰为其骄蹇，使其世子处乎诸侯之上也。

取邾娄田，自漷水。

◎其言自漷水何？以漷为竟也。何言乎以漷为竟？漷移也。

季孙宿如晋。

葬曹成公。

夏，卫孙林父帅师伐齐。

秋，七月，辛卯，齐侯瑗卒。

晋士匄帅师侵齐，至谷，闻齐侯卒，乃还。

◎还者何？善辞也。何善尔？大其不伐丧也。此受命乎君而伐齐，则何大乎其不伐丧？大夫以君命出，进退在大夫也。

八月，丙辰，仲孙蔑卒。

齐杀其大夫高厚。

郑杀其大夫公子喜。

冬，葬齐灵公。

城西郛。

叔孙豹会晋士匄于柯。

城武城。

二十年，春，王正月，辛亥，仲孙遬会莒人，盟于向。

夏，六月，庚申，公会晋侯、齐侯、宋公、卫侯、郑伯、曹伯、莒子、邾娄子、滕子、薛伯、杞伯、小邾娄子盟于澶渊。

秋，公至自会。

仲孙遬帅师伐邾娄。

蔡杀其大夫公子燮。

蔡公子履出奔楚。

陈侯之弟光出奔楚。

叔老如齐。

冬，十月，丙辰，朔，日有食之。

季孙宿如宋。

二十有一年，春，王正月，公如晋。

邾娄庶其以漆、闾丘来奔。

◎邾娄庶其者何？邾娄大夫也。邾娄无大夫，此何以书？重地也。

夏，公至自晋。

秋，晋栾盈出奔楚。

九月，庚戌，朔，日有食之。

冬，十月，庚辰，朔，日有食之。

曹伯来朝。

公会晋侯、齐侯、宋公、卫侯、郑伯、曹伯、莒子、邾娄子于商任。

十有一月，庚子，孔子生。

二十有二年，春，王正月，公至自会。

夏，四月。

秋七月，辛酉，叔老卒。

冬，公会晋侯、齐侯、宋公、卫侯、郑伯、曹伯、莒子、邾娄子、滕子、薛伯、杞伯、小邾娄子于沙随。公至自会。

楚杀其大夫公子追舒。

二十有三年，春，王二月，癸酉，朔，日有食之。

三月，己巳，杞伯匄卒。

夏，邾娄鼻我来奔。

◎邾娄鼻我者何？邾娄大夫也。邾娄无大夫，此何以书？以近书也。

葬杞孝公。

陈杀其大夫庆虎及庆寅。

陈侯之弟光自楚归于陈。

晋栾盈复入于晋，入于曲沃。

◎曲沃者何？晋之邑也。其言入于晋，入于曲沃何？栾盈将入晋，晋人不纳，由乎曲沃而入也。

秋，齐侯伐卫，遂伐晋。

八月，叔孙豹帅师救晋，次于雍渝。

◎曷为先言救而后言次？先通君命也。

己卯，仲逊遬卒。

冬，十月，乙亥，臧孙纥出奔邾娄。

晋人杀栾盈。

◎曷为不言杀其大夫？非其大夫也。

齐侯袭莒。

二十有四年，春，叔孙豹如晋。

仲孙羯帅师侵齐。

夏，楚子伐吴。

秋，七月，甲子，朔，日有食之，既。

齐崔杼帅师伐莒。

大水。

八月，癸巳，朔，日有食之。

公会晋侯、宋公、卫侯、郑伯、曹伯、莒子、邾娄子、滕子、薛伯、杞伯、小邾娄子于陈仪。

冬，楚子、蔡侯、陈侯、许男伐郑。

公至自会。

陈鍼宜咎出奔楚。

叔孙豹如京师。

大饥。

襄公卷第二十一（起二十五年，尽三十一年）

二十有五年，春，齐崔杼帅师伐我北鄙。

夏，五月，乙亥，齐崔杼弑其君光。

公会晋侯、宋公、卫侯、郑伯、曹伯、莒子、邾娄子、滕子、薛伯、杞伯、小邾娄子于陈仪。

六月，壬子，郑公孙舍之帅师入陈。

秋，八月，己巳，诸侯同盟于重丘。公至自会。

卫侯入于陈仪。

◎陈仪者何？卫之邑也。曷为不言入于卫？谖君以弑也。

楚屈建帅师灭舒鸠。

冬，郑公孙嗢帅师伐陈。

十有二月，吴子谒伐楚，门于巢卒。

◎门于巢卒者何？入门乎巢而卒也。入门乎巢而卒者何？入巢之门而卒也。吴子谒何以名？伤而反，未至乎舍而卒也。

二十有六年，春，王二月，辛卯，卫宁喜弑其君剽。

卫孙林父入于戚以叛。

甲午，卫侯衎复归于卫。

◎此谖君以弑也。其言复归何？恶剽也。曷为晋剽？剽之立于是未有说也。然则曷为不言剽之立？不言剽之立者，以恶卫侯也。

夏，晋侯使荀吴来聘。

公会晋人、郑良霄、宋人、曹人于澶渊。

秋，宋公杀其世子痤。

晋人执卫宁喜。

◎此执有罪，何以不得为伯讨？不以其罪执之也。

八月，壬午，许男宁卒于楚。

冬，楚子、蔡侯、陈侯伐郑。

葬许灵公。

二十有七年，春，齐侯使庆封来聘。

夏，叔孙豹会晋赵武、楚屈建、蔡公孙归生、卫石恶、陈孔瑗、郑良霄、许人、曹人于宋。

卫杀其大夫宁喜，卫侯之弟鱄出奔晋。

◎卫杀大夫宁喜，则卫侯之弟鱄曷为出奔晋？为杀宁喜出奔也。曷为为杀宁喜出奔？卫宁殖与孙林父逐卫侯而立公孙剽，宁殖病将死，谓喜曰："黜公者，非吾意也，孙氏为之。我即死，女能固纳公乎？"喜曰："诺。"宁殖死，喜立为大夫。使人谓献公曰："黜公者，非宁氏也，孙氏为之。吾欲纳公何如？"献公曰："子苟纳我，吾请与子盟。"喜曰："无所用盟，请使公子鱄约之。"献公谓公子鱄曰："宁氏将纳我，吾欲与之盟。其言曰：'无所用盟，请使公子鱄约之。'子固为我与之约矣。"公子鱄辞曰："夫负羁絷，执铁锧从君东西南北，则是臣仆庶孽之事也。若夫约言为信，则非臣仆庶孽之所敢与也。"献公怒曰："黜我者，非宁氏与孙氏，凡在尔。"公子鱄不得已而与之约。已约，归至，杀宁喜。公子鱄挈其妻子而去之，将济于河，携其妻子而与之盟，曰："苟有履卫地食卫粟者，昧雉彼视。"

秋，七月，辛巳，豹及诸侯之大夫盟于宋。

◎曷为再言豹？殆诸侯也。曷为殆诸侯？为卫石恶在是也，曰恶人之徒在是矣。

冬，十有二月，乙亥，朔，日有食之。

二十有八年，春，无冰。

夏，卫石恶出奔晋。

邾娄子来朝。

秋，八月，大雩。

仲孙羯如晋。

冬，齐庆封来奔。

十有一月，公如楚。

十有二月，甲寅，天王崩。

乙未，楚子昭卒。

二十有九年，春，王正月，公在楚。

◎何言乎公在楚？正月以存君也。

夏，五月，公至自楚。

庚午，卫侯衎卒。

阍弑吴子余祭。

◎阍者何？门人也，刑人也。刑人则曷为谓之阍？刑人非其人也。君子不近刑人，近刑人则轻死之道也。

仲孙羯会晋荀盈、齐高止、宋华定、卫世叔齐、郑公孙段、曹人、莒人、邾娄人、滕人、薛人、小邾娄人城杞。

晋侯使士鞅来聘。

杞子来盟。

吴子使札来聘。

◎吴无君无大夫，此何以有君有大夫？贤季子也。何贤乎季子？让国也。其让国奈何？谒也、余祭也、夷昧也，与季子同母者四，季子弱而才，兄弟皆爱之，同欲立之以为君。谒曰：“今若是迮而与季子国，季子犹不受也，请无与子而与弟，弟兄迭为君，而致国乎季子。”皆曰：“诺。”故诸为君者，皆轻死为勇，饮食必祝，曰：“天苟有吴国，尚速有悔于予身。”故谒也死，余祭也立。余祭也死，夷昧也立。夷昧也死，则国宜之季子者也。季子使而亡焉。僚者，长庶也即之，季子使而反，至而君之尔。阖庐曰：“先君之所以不与子国而与弟者，凡为季子故也。将从先君之命与，则国宜之季子者也；如不从先君之命与，则我宜立者也，僚恶得为君乎？”于是使专诸刺僚，而致国乎季子。季子不受曰：“尔弑吾君，吾受尔国，是吾与尔为篡也。尔杀吾兄，吾又杀尔，是父子兄弟相杀，终身无已也。”去之延陵，终身不入吴国。故君子以其不受为义，以其不杀为仁。贤季子则吴何以有君有大夫？以季子为臣，则宜有君者也。札者何？吴季子之名也。《春秋》贤者不名，此何以名？许夷狄者不壹而足也。季子者所贤也，曷为不足乎季子？许人臣者必使臣，许人子者必使子也。

秋，九月，葬卫献公。

齐高止出奔北燕。

冬，仲孙羯如晋。

三十年，春，王正月，楚子使薳颇来聘。

夏，四月，蔡世子般弑其君固。

五月，甲午，宋灾，伯姬卒。

天王杀其弟年夫。

王子瑕奔晋。

秋，七月，叔弓如宋，葬宋共姬。

◎外夫人不书葬，此何以书？隐之也。何隐尔？宋灾，伯姬卒焉。其称谥何？贤也。何贤尔？宋灾，伯姬存焉，有司复曰："火至矣，请出。"伯姬曰："不可。吾闻之也，妇人夜出，不见傅母不下堂。傅至矣，母未至也。"逮乎火而死。

郑良霄出奔许，自许入于郑，郑人杀良霄。

冬，十月，葬蔡景公。

◎贼未讨何以书葬？君子辞也。

晋人、齐人、宋人、卫人、郑人、曹人、莒人、邾娄人、滕人、薛人、杞人、小邾娄人会于澶渊，宋灾故。

◎宋灾故者何？诸侯会于澶渊，凡为宋灾故也。会未有言其所为者，此言所为何？录伯姬也。诸侯相聚，而更宋之所丧，曰死者不可复生，尔财复矣。此大事也。曷为使微者？卿也。卿则其称人何？贬。曷为贬？卿不得忧诸侯也。

三十有一年，春，王正月。

夏，六月，辛巳，公薨于楚宫。

秋，九月，癸巳，子野卒。

己亥，仲孙羯卒。

冬，十月，滕子来会葬。

癸酉，葬我君襄公。

十有一月，莒人杀其君密州。

昭公卷第二十二（起元年，尽十二年）

元年，春，王正月，公即位。

叔孙豹会晋赵武、楚公子围、齐国酌、宋向戌、卫石恶、陈公子招、蔡公孙归生、郑轩虎、许人、曹人于漷。

◎此陈侯之弟招也，何以不称弟？贬。曷为贬？为杀世子偃师贬，曰陈侯之弟招杀陈世子偃师。大夫相杀称人，此其称名氏以杀何？言将自是弑君也。今将尔，词曷为与亲弑者同？君亲无将，将而必诛焉。然则曷为不于其弑焉贬？以亲者弑，然后其罪恶甚，《春秋》不待贬绝而罪恶见者，不贬绝以见罪恶也。贬绝然后罪恶见者，贬绝以见罪恶也。今招之罪已重矣，曷为复贬乎此？著招之有罪也。何著乎招之有罪？言楚之托乎讨招以灭陈也。

三月，取运。

◎运者何？内之邑也。其言取之何？不听也。

夏，秦伯之弟鍼出奔晋。

◎秦无大夫，此何以书？仕诸晋也。曷为仕诸晋？有千乘之国，而不能容其母弟，故君子谓之出奔也。

六月，丁巳，邾娄子华卒。

晋荀吴帅师败狄于大原。

◎此大卤也，曷为谓之大原？地物从中国，邑人名从主人。原者何？上平曰原，下平曰隰。

秋，莒去疾自齐入于莒。

莒展出奔吴。

叔弓帅师疆运田。

◎疆运田者何？与莒为竟也。与莒为竟，则曷为帅师而往？畏莒也。

葬邾娄悼公。

冬，十有一月，己酉，楚子卷卒。

楚公子比出奔晋。

二年，春，晋侯使韩起来聘。

夏，叔弓如晋。

秋，郑杀其大夫公孙黑。

冬，公如晋，至河乃复。

◎其言至河乃复何？不敢进也。

季孙宿如晋。

三年，春，王正月，丁未，滕子泉卒。

夏，叔弓如滕。

五月，葬滕成公。

秋，小邾娄子来朝。

八月，大雩。

冬，大雨雹。

北燕伯款出奔齐。

四年，春，王正月，大雨雪。

夏，楚子、蔡侯、陈侯、郑伯、许男、徐子、滕子、顿子、胡子、沈子、小邾娄子、宋世子佐、淮夷会于申。楚人执徐子。

秋，七月，楚子、蔡侯、陈侯、许男、顿子、胡子、沈子、淮夷伐吴，执齐庆封杀之。

◎此伐吴也，其言执齐庆封何？为齐诛也。其为齐诛奈何？庆封走之吴，吴封之于防。然则曷为不言伐防？不与诸侯专封也。庆封之罪何？胁齐君而乱齐国也。

遂灭厉。

九月，取鄫。

◎其言取之何？灭之也。灭之则其言取之何？内大恶，讳也。

冬，十有二月，乙卯，叔孙豹卒。

五年，春，王正月，舍中军。

◎舍中军者何？复古也。然则曷为不言三卿？五亦有中，三亦有中。

楚杀其大夫屈申。

公如晋。

夏，莒牟夷以牟娄及防兹来奔。

◎莒牟夷者何？莒大夫也。莒无大夫，此何以书？重地也。其言及防兹来奔何？不以私邑累公邑也。

秋，七月，公至自晋。

戊辰，叔弓帅师败莒师于濆泉。

◎濆泉者何？直泉也。直泉者何？涌泉也。

秦伯卒。

◎何以不名？秦者夷也，匿嫡之名也。其名何？嫡得之也。

冬，楚子、蔡侯、陈侯、许男、顿子、沈子、徐人、越人伐吴。

六年，春，王正月，杞伯益姑卒。

葬秦景公。

夏，季孙宿如晋。

葬杞文公。

宋华合比出奔卫。

秋，九月，大雩。

楚薳颇帅师伐吴。

冬，叔弓如楚。

齐侯伐北燕。

七年，春，王正月，暨齐平。

三月，公如楚。

叔孙舍如齐莅盟。

夏，四月，甲辰，朔，日有食之。

秋，八月，戊辰，卫侯恶卒。

九月，公至自楚。

冬，十有一月，癸未，季孙宿卒。

十有二月，癸亥，葬卫襄公。

八年，春，陈侯之弟招杀陈世子偃师。

夏，四月，辛丑，陈侯溺卒。

叔弓如晋。

楚人执陈行人干征师杀之。

陈公子留出奔郑。

秋，蒐于红。

◎蒐者何？简车徒也。何以书？盖以罕书也。

陈人杀其大夫公子过。

大雩。

冬，十月，壬午，楚师灭陈，执陈公子招，放之于越。杀陈孔瑗。

葬陈哀公。

九年，春，叔弓会楚子于陈。

许迁于夷。

夏，四月，陈火。

◎陈已灭矣，其言陈火何？存陈也，曰存陈，悕矣。曷为存陈？灭人之国，执人之罪人，杀人之贼，葬人之君，若是则陈存悕矣。

秋，仲孙貜如齐。

冬，筑郎囿。

十年，春，王正月。

夏，晋栾施来奔。

秋，七月，季孙隐如、叔弓、仲孙貜帅师伐莒。

戊子，晋侯彪卒。

九月，叔孙舍如晋。

葬晋平公。

十有二月，甲子，宋公戌卒。

十有一年，春王正月，叔弓如宋。

葬宋平公。

夏，四月，丁巳，楚子虔诱蔡侯般，杀之于申。

◎楚子虔何以名？绝。曷为绝之？为其诱封也。此讨贼也，虽诱之，则曷为绝之？怀恶而讨不义，君子不予也。

楚公子弃疾帅师围蔡。

五月，甲申，夫人归氏薨。

大蒐于比蒲。

◎大蒐者何？简车徒也。何以书？盖以罕书也。

仲孙貜会邾娄子盟于侵羊。

秋，季孙隐如会晋韩起、齐国酌、宋华亥、卫北宫佗、郑轩虎、曹人、杞人于屈银。

九月，己亥，葬我小君齐归。

◎齐归者可？昭公之母也。

冬，十有一月，丁酉，楚师灭蔡，执蔡世子有以归，用之。

◎此未逾年之君也，其称世子何？不君灵公，不成其子也。不君灵公，则曷为不成其子？诛君之子不立。非怒也，无继也。恶乎用之？用之防也。其用之防奈何？盖以筑防也。

十有二年，春，齐高偃帅师纳北燕伯于阳。

◎伯于阳者何？公子阳生也。子曰："我乃知之矣。"在侧者曰："子苟知之，何以不革。"曰："如尔所不知何？《春秋》之信史也，其序则齐桓、晋文，其会则主会者为之也，其词则丘有罪焉耳。"

三月，壬申，郑伯嘉卒。

夏，宋公使华定来聘。

公如晋，至河乃复。

五月，葬郑简公。

楚杀其大夫成然。

秋，七月。

冬，十月，公子整出奔齐。

楚子伐徐。

晋伐鲜虞。

昭公卷第二十三（起十三年，尽二十二年）

十有三年，春，叔弓帅师围费。

夏，四月，楚公子比自晋归于楚，弑其君虔于乾溪。

◎此弑其君，其言归何？归无恶于弑立也。归无恶于弑立者何？灵王为无道，作乾溪之台，三年不成，楚公子弃疾胁比而立之。然后令于乾溪之役曰：“比已立矣，后归者不得复其田里。”众罢而去之，灵王经而死。

楚公子弃疾弑公子比。

◎比已立矣，其称公子何？其意不当也。其意不当，则曷为加弑焉尔？比之义宜乎效死不立。大夫相弑称人，此其称名氏以弑何？言将自是为君也。

秋，公会刘子、晋侯、齐侯、宋公、卫侯、郑伯、曹伯、莒子、邾娄子、滕子、薛伯、杞伯、小邾娄子于平丘。八月甲戌，同盟于平丘。公不与盟，晋人执季孙隐如以归。公至自会。

◎公不与盟者何？公不见与盟也。公不见与盟，大夫执何以致会？不耻也。曷为不耻？诸侯遂乱，反陈、蔡，君子不耻不与焉。

蔡侯庐归于蔡。

陈侯吴归于陈。

◎此皆灭国也，其言归何？不与诸侯专封也。

冬，十月，葬蔡灵公。

公如晋，至河乃复。

吴灭州来。

十有四年，春，隐如至自晋。

三月，曹伯滕卒。

夏，四月。

秋，葬曹武公。

八月，莒子去疾卒。

冬，莒杀其公子意恢。

十有五年，春，王正月，吴子夷昧卒。

二月，癸酉，有事于武宫。籥入，叔弓卒，去乐卒事。

◎其言去乐卒事何？礼也。君有事于庙，闻大夫之丧，去乐，卒事。大夫闻君之丧，摄主而往。大夫闻大夫之丧，尸事毕而往。

夏，蔡昭吴奔郑。

六月，丁巳，朔，日有食之。

秋，晋荀吴帅师伐鲜虞。

冬，公如晋。

十有六年，春，齐侯伐徐。

楚子诱戎曼子杀之。

◎楚子何以不名？夷狄相诱，君子不疾也。曷为不疾？若不疾，乃疾之也。

夏，公至自晋。

秋，八月，己亥，晋侯夷卒。

九月，大雩。

季孙隐如如晋。

冬，十月，葬晋昭公。

十有七年，春，小邾娄子来朝。

夏，六月，甲戌，朔，日有食之。

秋，郯子来朝。

八月，晋荀吴帅师灭贲浑戎。

冬，有星孛于大辰。

◎孛者何？彗星也。其言于大辰何？在大辰也。大辰者何？大火也。大火为大辰，伐为大辰，北奈亦为大辰。何以书？记异也。

楚人及吴战于长岸。

◎诈战不言战，此其言战何？敌也。

十有八年，春，王三月，曹伯须卒。

夏，五月，壬午，宋、卫、陈、郑灾。

◎何以书？记异也。何异尔？异其同日而俱灾也。外异不书，此何以书？为天下记异也。

六月，邾娄人入鄅。

秋，葬曹平公。

冬，许迁于白羽。

十有九年，春，宋公伐邾娄。

夏，五月，戊辰，许世子止弑其君买。

己卯，地震。

秋，齐高发帅师伐莒。

冬，葬许悼公。

◎贼未讨，何以书葬？不成于弑也。曷为不成于弑？止进药而药杀也。止进药而药杀，则曷为加弑焉尔？讥子道之不尽也。其讥子道之不尽奈何？曰：“乐正子春之视疾也，复加一饭则脱然愈，复损一饭则脱然愈，复加一衣则脱然愈，复损一衣则脱然愈。”止进药而药杀，是以君子加弑焉尔。曰许世子止弑其君买，是君子之听止也。葬许悼公，是君子之赦止也。赦止者，免止之罪辞也。

二十年，春，王正月。

夏，曹公孙会自鄸出奔宋。

◎奔未有言自者，此其言自何？畔也。畔则曷为不言其畔？为公子喜时之后讳也，《春秋》为贤者讳。何贤乎公子喜时？让国也。其让国奈何？曹伯庐卒于师，则未知公子喜时从与。公子负刍从与，或为主于国，或为主于师。公子喜时见公子负刍之当主也，逡巡而退。贤公子喜时，则曷为为会讳？君子之善善也长，恶恶也短，恶恶止其身，善善及子孙。贤者子孙，故君子为之讳也。

秋，盗杀卫侯之兄辄。

◎母兄称兄，兄何以不立？有疾也。何疾尔？恶疾也。

冬，十月，宋华亥、向宁、华定出奔陈。

十有一月，辛卯，蔡侯庐卒。

二十有一年，春，王三月，葬蔡平公。

夏，晋侯使士鞅来聘。

宋华亥、向宁、华定自陈入于宋南里以畔。

◎宋南里者何？若曰因诸者然。

秋，七月，壬午，朔，日有食之。

八月，乙亥，叔痤卒。

冬，蔡侯朱出奔楚。

公如晋，至河乃复。

二十有二年，春，齐侯伐莒。

宋华亥、向宁、华定自宋南里出奔楚。

大蒐于昌奸。

夏，四月，乙丑，天王崩。

六月，叔鞅如京师。

葬景王。

王室乱。

◎何言乎王室乱？言不及外也。

刘子、单子以王猛居于皇。

◎其称王猛何？当国也。

秋，刘子、单子以王猛入于王城。

◎王城者何？西周也。其言入何？篡辞也。

冬，十月，王子猛卒。

◎此未逾年之君也，其称王子猛卒何？不与当也。不与当者，不与当，父死子继，兄死弟及之辞也。

十有二月，癸酉，朔，日有食之。

昭公卷第二十四（起二十三年，尽三十二年）

二十有三年，春，王正月，叔孙舍如晋。

癸丑，叔鞅卒。

晋人执我行人叔孙舍。

晋人围郊。

◎郊者何？天子之邑也。曷为不系于周？不与伐天子也。

夏，六月，蔡侯东国卒于楚。

秋，七月，莒子庚舆来奔。

戊辰，吴败顿、胡、沈、蔡、陈、许之师于鸡父。胡子髡、沈子楹灭，获陈夏啮。

◎此偏战也，曷为以诈战之辞言之？不与夷狄之主中国也。然则曷为不使中国主之？中国亦新夷狄也。其言灭获何？别君臣也，君死于位曰灭，生得曰获，大夫生死皆曰获。不与夷狄之主中国，则其言获陈夏啮何？吴少进也。

天王居于狄泉。

◎此未三年，其称天王何？著有天子也。

尹氏立王子朝。

八月，乙未，地震。

冬，公如晋，至河，公有疾乃复。

◎何言乎公有疾乃复？杀耻也。

二十有四年，春，王二月，丙戌，仲孙貜卒。

叔孙舍至自晋。

夏，五月，乙未，朔，日有食之。

秋，八月，大雩。

丁酉，杞伯郁釐卒。

冬，吴灭巢。

葬杞平公。

二十有五年，春，叔孙舍如宋。

夏，叔倪会晋赵鞅、宋乐世心、卫北宫喜、郑游吉、曹人、邾娄人、滕人、薛人、小邾娄人于黄父。

有鹳鹆来巢。

◎何以书？记异也。何异尔？非中国之禽也，宜穴又巢也。

秋，七月，上辛大雩。季辛又雩。

◎又雩者何？又雩者非雩也，聚众以逐季氏也。

九月，己亥，公孙于齐，次于扬州。

齐侯唁公于野井。

◎唁公者何？昭公将弑季氏，告子家驹曰："季氏为无道，僭于公室久矣，吾欲弑之何如？"子家驹曰："诸侯僭于天子，大夫僭于诸侯久矣。"昭公曰："吾何僭矣哉？"子家驹曰："设两观，乘大路，朱干，玉戚，以舞《大夏》，八佾以舞《大武》，此皆天子之礼也。且夫牛马维娄，委己者也，而柔焉。季氏得民众久矣，君无多辱焉。"昭公不从其言，终弑之而败焉。走之齐，齐侯唁公于野井，曰：“奈何君去鲁国之社稷?”昭公曰：“丧人不佞，失守鲁国之社稷，执事以羞。”再拜颡，庆子家驹曰：“庆子免君于大难矣。”子家驹曰：“臣不佞，陷君于大难，君不忍加之以铁锁，赐之以死。”再拜颡。高子执箪食与四脡脯，国子执壶浆，曰：“吾寡君闻君在外，馂饔未就，敢致糗于从者。”昭公曰：“君不忘吾先君，延及丧人，锡之以大礼。”再拜稽首，以衽受。高子曰：“有夫不祥，君无所辱大礼。”昭公盖祭而不尝。景公曰：“寡人有不腆先君之服，未之敢服。有不腆先君之器，未之敢用，敢以请。”昭公曰：“丧人不佞，失守鲁国之社稷，执事以羞，敢辱大礼，敢辞。”景公曰：“寡人有不腆，先君之服，未之敢服，有不腆先君之器，未之敢用，敢固以请。”昭公曰：“以吾宗庙之在鲁也，有先君之服，未之能以服，有先君之器，未之能以出，敢固辞。”景公曰：“寡人有不腆先君之服，未之敢服，有不腆先君之器，未之敢用，请以飨乎从者。”昭公曰：“丧人其何称?”景公曰：“孰君而无称。”昭公于是噭然而哭，诸大夫皆哭。既哭，以人为菑，以幦为席，以鞍为几，以遇礼相见。孔子曰：“其礼与其辞足观矣!”

冬，十月，戊辰，叔孙舍卒。

十有一月，己亥，宋公佐卒于曲棘。

◎曲棘者何？宋之邑也。诸侯卒其封内不地，此何以地？忧内也。

十有二月，齐侯取运。

◎外取邑不书，此何以书？为公取之也。

二十有六年，春，王正月，葬宋元公。

三月，公至自齐，居于运。

夏，公围成。

秋，公会齐侯、莒子、邾娄子、杞伯盟于剸陵。公至自会，居于运。

九月，庚申，楚子居卒。

冬，十月，天王入于成周。

◎成周者何？东周也。其言入何？不嫌也。

尹氏、召伯、毛伯以王子朝奔楚。

二十有七年，春，公如齐。

公至自齐，居于运。

夏，四月，吴弑其君僚。

楚杀其大夫郤宛。

秋，晋士鞅、宋乐祁犁、卫北宫喜、曹人、邾娄人、滕人会于扈。

冬，十月，曹伯午卒。

邾娄快来奔。

◎邾娄快者何？邾娄之大夫，邾娄无大夫也。此何以书？以近书也。

公如齐。

公至自齐，居于运。

二十有八年，春，王三月，葬曹悼公。

公如晋，次于乾侯。

夏，四月，丙戌，郑伯宁卒。

六月，葬郑定公。

二十有九年，春，公至自乾侯，居于运。

齐侯使高张来唁公。

公如晋，次于乾侯。

夏，四月，庚子，叔倪卒。

秋，七月。

冬，十月，运溃。

◎邑不言溃，此其言溃何？郛之也。曷为郛之？君存焉尔。

三十年，春，王正月，公在乾侯。

夏，六月，庚辰，晋侯去疾卒。

秋，八月，葬晋顷公。

冬，十有二月，吴灭徐，徐子章禹奔楚。

三十有一年，春，王正月，公在乾侯。

季孙隐如会晋荀栎于适历。

夏，四月，丁巳，薛伯谷卒。

晋侯使荀栎唁公于乾侯。

秋，葬薛献公。

冬，黑弓以滥来奔。

◎文何以无邾娄？通滥也。曷为通滥？贤者子孙宜有地也。贤者孰谓？谓叔术也。何贤乎叔术？让国也。其让国奈何？当邾娄颜之时，邾娄女有为鲁夫人者，则未知其为武公与？懿公与？孝公幼，颜淫九公子于宫中，因以纳贼，则未知其为鲁公子与？邾娄公子与？臧氏之母，养公者也。君幼则宜有养者，大夫之妾，士之妻，则未知臧氏之母者曷为者也。养公者必以其子入养。臧氏之母闻有贼，以其子易公，抱公以逃，贼至，凑公寝而弑之。臣有鲍广父与梁买子者闻有贼，趋而至，臧氏之母曰："公不死也，在是，吾以吾子易公矣。"于是负孝公之周诉天子，天子为之诛颜而立叔术，反孝公于鲁。颜夫人者，妪盈女也，国色也。其言曰："有能为我杀杀颜者，吾为其妻。"叔术为之杀杀颜者，而以为妻，有子焉，谓之盱。夏父者，其所为有于颜者也。盱幼而皆爱之，食必坐二子于其侧而食之，有珍怪之食，盱必先取足焉。夏父曰："以来，人未足而盱有余。"叔术觉焉曰："嘻！此诚尔国也夫！"起而致国于夏父，夏父受而中分之，叔术曰："不可！"三分之，叔术曰："不可！"四分之，叔术曰："不可！"五分之，然后受之。公扈子者，邾娄之父兄也，习乎邾娄之故，其言曰："恶有言人之国贤若此者乎！"诛颜之时，天子死，叔术起而致国于夏父。当此之时，邾娄人常被兵于周，曰："何故死吾天子？"通滥则文何以无邾娄？天下未有滥也。天下未有滥，则其言以滥来奔何？叔术者，贤大夫也，绝之则为叔术不欲绝，不绝则世大夫也，大夫之义不得世，故于是推而通之也。

十有二月，辛亥，朔，日有食之。

三十有二年，春，王正月，公在乾侯。

取阚。

◎阚者何？邾娄之邑也。曷为不系乎邾娄？讳亟也。

夏，吴伐越。

秋，七月。

冬，仲孙何忌会晋韩不信，齐高张、宋仲几、卫世叔申、郑国参、曹人、莒人、邾娄人、薛人、杞人、小邾娄人城成周。

十有二月，己未，公薨于乾侯。

定公卷第二十五（起元年，尽五年）

元年，春，王。

◎定何以无正月？正月者，正即位也。定无正月者，即位后也。即位何以后？昭公在外，得入不得入未可知也。曷为未可知？在季氏也。定、哀多微辞，主人习其读而问其传，则未知己之有罪焉尔。

三月，晋人执宋仲几于京师。

◎仲几之罪何？不蓑城也。其言于京师何？伯讨也。伯讨则其称人何？贬。曷为贬？不与大夫专执也。曷为不与？实与而文不与。文曷为不与？大夫之义，不得专执也。

夏，六月，癸亥，公之丧至自乾侯。

戊辰，公即位。癸亥，公之丧至自乾侯。

◎则曷为以戊辰之日然后即位？正棺于两楹之间，然后即位。子沈子曰："定君乎国，然后即位。"即位不日，此何以日？录乎内也。

秋，七月，癸巳，葬我君昭公。

九月，大雩。

立炀宫。

◎炀宫者何？炀公之宫也。立者何？立者不宜立也，立炀宫，非礼也。

冬，十月，陨霜杀菽。

◎何以书？记异也。此灾菽也，曷为以异书？异大乎灾也。

二年，春，王正月。

夏，五月，壬辰，雉门及两观灾。

◎其言雉门及两观灾何？两观微也。然则曷为不言雉门灾及两观？主灾者两观也。时灾者两观，则曷为后言之？不以微及大也。何以书？记灾也。

秋，楚人伐吴。

冬，十月，新作雉门及两观。

◎其言新作之何？修大也。修旧不书，此何以书？讥。何讥尔？不务乎公室也。

三年，春，王正月，公如晋，至河乃复。

三月，辛卯，邾娄子穿卒。

夏，四月。

秋，葬邾娄庄公。

冬，仲孙何忌及邾娄子盟于枝。

四年，春，王二月，癸巳，陈侯吴卒。

三月，公会刘子、晋侯、宋公、蔡侯、卫侯、陈子、郑伯、许男、曹伯、莒子、邾娄子、顿子、胡子、滕子、薛伯、杞伯、小邾娄子、齐国夏于召陵，侵楚。

夏，四月，庚辰，蔡公孙归姓帅师灭沈，以沈子嘉归，杀之。

五月，公及诸侯盟于浩油。杞伯戊卒于会。

六月，葬陈惠公。

许迁于容城。

秋，七月，公至自会。

刘卷卒。

◎刘卷者何？天子之大夫也。外大夫不卒，此何以卒？我主之也。

葬杞悼公。

楚人围蔡。

晋士鞅、卫礼圄帅师伐鲜虞。

葬刘文公。

◎外大夫不书葬。此何以书？录我主也。

冬，十有一月，庚午，蔡侯以吴子及楚人战于伯莒，楚师败绩。

◎吴何以称子？夷狄也，而忧中国。其忧中国奈何？伍子胥父诛乎楚，挟弓而去楚，以干阖庐。阖庐曰："士之甚，勇之甚，将为之兴师而复仇于楚。"伍子胥复曰："诸侯不为匹夫兴师，且臣闻之，事君犹事父也。亏君之义，复父之仇，臣不为也。"于是止。蔡昭公朝乎楚，有美裘焉，囊瓦求之，昭公不与，为是拘昭公于南郢数年，然后归之。于其归焉，用事乎河。曰："天下诸侯，苟有能伐楚者，寡人请为之前列。"楚人闻之怒。为是兴师，使囊瓦将而伐蔡。蔡请救于吴，伍子胥复曰："蔡非有罪也，楚人为无道，君如有忧中国之心，则若时可矣。"于是兴师而救蔡。曰："事君犹事父也，此其为可以复仇奈何？"曰："父不受诛，子复仇可也。父受诛，子复仇，推刃之道也。

复仇不除害，朋友相卫，而不相迿，古之道也。”

楚囊瓦出奔郑。

庚辰，吴入楚。

◎吴何以不称子？反夷狄也。其反夷狄奈何？君舍于君室，大夫舍于大夫室，盖妻楚王之母也。

五年，春，王正月，辛亥，朔，日有食之。

夏，归粟于蔡。

◎孰归之？诸侯归之。曷为不言诸侯归之？离至不可得而序，故言我也。

於越入吴。

◎於越者何？越者何？於越者，未能以其名通也。越者，能以其名通也。

六月，丙申，季孙隐如卒。

秋，七月，壬子，叔孙不敢卒。

冬，晋士鞅帅师围鲜虞。

定公卷第二十六（起六年，尽十五年）

六年，春，王正月，癸亥，郑游遬帅师灭许，以许男斯归。

二月，公侵郑。公至自侵郑。

夏，季孙斯、仲孙何忌如晋。

秋，晋人执宋行人乐祁犁。

冬，城中城。

季孙斯、仲孙忌帅师围运。

◎此仲孙何忌也，曷为谓之仲孙忌？讥二名，二名非礼也。

七年，春，王正月。

夏，四月。

秋，齐侯、郑伯盟于咸。

齐人执卫行人北宫结以侵卫。

齐侯、卫侯盟于沙泽。

大雩。

齐国夏帅师伐我西鄙。

九月，大雩。

冬，十月。

八年，春，王正月，公侵齐。公至自侵齐。

二月，公侵齐。

三月，公至自侵齐。

曹伯露卒。

夏，齐国夏帅师伐我西鄙。

公会晋师于瓦。公至自瓦。

秋，七月，戊辰，陈侯柳卒。

晋赵鞅帅师侵郑，遂侵卫。

葬曹靖公。

九月，葬陈怀公。

季孙斯、仲孙何忌帅师侵卫。

冬，卫侯、郑伯盟于曲濮。

从祀先公。

◎从祀者何？顺祀也。文公逆祀，去者三人。定公顺祀，叛者五人。

盗窃宝玉、大弓。

◎盗者孰谓？谓阳虎也。阳虎者曷为者也？季氏之宰也。季氏之宰则微者也，恶乎得国宝而窃之？阳虎专季氏，季氏专鲁国。阳虎拘季孙，孟氏与叔孙氏迭而食之。睋而锓其板曰："某月某日，将杀我于蒲圃，力能救我则于是。"至乎日若时，而出临南者，阳虎之出也，御之。于其乘焉，季孙谓临南曰："以季氏之世世有子，子可以不免我死乎？"临南曰："有力不足，臣何敢不勉。"阳越者，阳虎之从弟也，为右。诸阳之从者，车数十乘，至于孟衢，临南投策而坠之，阳越下取策，临南駷马，而由乎孟氏，阳虎从而射之，矢著于庄门。然而，甲起于琴如。弑不成，却反舍于郊，皆说然息。或曰：“弑千乘之主而不克，舍此可乎？”阳虎曰：“夫孺子得国而已，如丈夫何？”睋而曰：“彼哉！彼哉！趣驾。”既驾，公敛处父帅师而至，谨然后得免，自是走之晋。宝者何？璋判白，弓绣质，龟青纯。

九年，春，王正月。

夏，四月，戊申，郑伯嚂卒。

得宝玉、大弓。

◎何以书？国宝也。丧之书，得之书。

六月，葬郑献公。

秋，齐侯、卫侯次于五氏。

秦伯卒。

冬，葬秦哀公。

十年，春，王三月，及齐平。

夏，公会齐侯于颊谷。公至自颊谷。

晋赵鞅帅师围卫。

齐人来归运、欢、龟、阴田。

◎齐人曷为来归运、欢、龟、阴田？孔子行乎季孙，三月不违，齐人为是来归之。

叔孙州仇、仲孙何忌帅师围郈。

秋，叔孙州仇，仲孙何忌帅师围费。

宋乐世心出奔曹。

宋公子池出奔陈。

冬，齐侯、卫侯、郑游遬会于鞍叔孙州仇如齐。

齐公之弟辰暨宋仲佗、石疆出奔陈。

十有一年，春，宋公之弟辰及仲佗、石弨、公子池自陈入于萧以叛。

夏，四月。

秋，宋乐世心自曹入于萧。

冬，及郑平。

叔还如郑莅盟。

十有二年，春，薛伯定卒。

夏，葬薛襄公。

叔孙州仇帅师堕郈。

卫公孟弨帅师伐曹。

季孙斯、仲孙何忌帅师堕费。

◎曷为帅师堕郈、帅师堕费？孔子行乎季孙，三月不违，曰："家不藏甲，邑无百雉之城。"于是帅师堕郈、帅师堕费。雉者何？五板而堵，五堵而雉，百雉而城。

秋，大雩。

冬，十月，癸亥，公会晋侯盟于黄。

十有一月，丙寅，朔，日有食之。

公至自黄。

十有二月，公围成。公至自围成。

十有三年，春，齐侯、卫侯次于垂瑕。

夏，筑蛇渊囿。

大蒐于比蒲。

卫公孟弨帅师伐曹。

秋，晋赵鞅入于晋阳以叛。

冬，晋荀寅及士吉射入于朝歌以叛。

晋赵鞅归于晋。

◎此叛也，其言归何？以地正国也。其以地正国奈何？晋赵鞅取晋阳之甲，以逐荀寅与士吉射。荀寅与士吉射者，曷为者也？君侧之恶人也。此逐君侧之恶人，曷为以叛言之？无君命也。

薛弑其君比。

十有四年，春，卫公叔戍来奔。

晋赵阳出奔宋。

三月，辛巳，楚公子结、陈公子佗人帅师灭顿，以顿子牄归。

夏，卫北宫结来奔。

五月，於越败吴于醉李。

吴子光卒。

公会齐侯、卫侯于坚。公至自会。

秋，齐侯、宋公会于洮。

天王使石尚来归脤。

◎石尚者何？天子之士也。脤者何？俎实也。腥曰脤，熟曰燔。

卫世子蒯聩出奔宋。

卫公孟彄出奔郑。

宋公之弟辰自萧来奔。

大蒐于比蒲。

邾娄子来会公。

城莒父及霄。

十有五年，春，王正月，邾娄子来朝。

鼷鼠食郊牛，牛死，改卜牛。

◎曷为不言其所食？漫也。

二月，辛丑，楚子灭胡，以胡子豹归。

夏，五月，辛亥，郊。

◎曷为以夏五月郊？三卜之运也。

壬申，公薨于高寝。

郑轩达帅师伐宋。

齐侯、卫侯次于蘧篨。

邾娄子来奔丧。

◎其言来奔丧何？奔丧非礼也。

秋，七月，壬申，姒氏卒。

◎姒氏者何？哀公之母也。何以不称夫人？哀未君也。

八月，庚辰，朔，日有食之。

九月，滕子来会葬。

丁巳，葬我君定公。雨不克葬。戊午，日下昃，乃克葬。

辛巳，葬定姒。

◎定姒何以书葬？未逾年之君也，有子则庙，庙则书葬。

冬，城漆。

哀公卷第二十七（起元年，尽十年）

元年，春，王正月，公即位。

楚子、陈侯、随侯、许男围蔡。

鼷鼠食郊牛，改卜牛。

夏，四月，辛巳，郊。

秋，齐侯、卫侯伐晋。

冬，仲孙何忌帅师伐邾娄。

二年，春，王二月，季孙斯、叔孙州仇、仲孙何忌帅师伐邾娄，取漷东田及沂西田。癸巳，叔孙州仇、仲孙何忌及邾娄子盟于句绎。

夏，四月，丙子，卫侯元卒。

滕子来朝。

晋赵鞅帅师纳卫世子蒯聩于戚。

◎戚者何？卫之邑也。曷为不言入于卫？父有子，子不得有父也。

秋，八月，甲戌，晋赵鞅帅师及郑轩达帅师战于栗，郑师败绩。

冬，十月，葬卫灵公。

十有一月，蔡迁于州来。蔡杀其大夫公子驷。

三年，春，齐国夏、卫石曼姑帅师围戚。

◎齐国夏曷为与卫石曼姑帅师围戚？伯讨也。此其为伯讨奈何？曼姑受命乎灵公而立辄，以曼姑之义为固，可以距之也。辄者曷为者也？蒯聩之子也。然则曷为不立蒯聩而立辄？蒯聩为无道，灵公逐蒯聩而立辄。然则辄之义可以立乎？曰："可。"其可奈何？不以父命辞王父命，以王父命辞父命，是父之行乎子也。不以家事辞王事，以王事辞家事，是上之行乎下也。

夏，四月，甲午，地震。

五月，辛卯，桓宫、僖宫灾。

◎此皆毁庙也，其言灾何？复立也。曷为不言其复立？《春秋》见者不复见也。何以不言及？敌也。何以书？记灾也。

季孙斯、叔孙州仇帅师城开阳。

宋乐髡帅师伐曹。

秋，七月，丙子，季孙斯卒。

蔡人放其大夫公孙猎于吴。

冬，十月，癸卯，秦伯卒。

叔孙州仇、仲孙何忌帅师围邾娄。

四年，春，王三月，庚戌，盗杀蔡侯申。

◎弑君贱者穷诸人，此其称盗以弑何？贱乎贱者也。贱乎贱者孰谓？谓罪人也。

蔡公孙辰出奔吴。

葬秦惠公。

宋人执小邾娄子。

夏，蔡杀其大夫公孙归姓、公孙霍。

晋人执戎曼子赤归于楚。

◎赤者何？戎曼子之名也。其言归于楚何？子北宫子曰："辟伯晋而京师楚也。"

城西郛。

六月，辛丑，蒲社灾。

◎蒲社者何？亡国之社也。社者封也，其言灾何？亡国之社盖掩之，掩其上而柴其下。蒲社灾何以书？记灾也。

秋，八月，甲寅，滕子结卒。

冬，十有二月，葬蔡昭公。

葬滕顷公。

五年，春，城比。

夏，齐侯伐宋。

晋赵鞅帅师伐卫。

秋，九月，癸酉，齐侯处臼卒。

冬，叔还如齐。

闰月，葬齐景公。

◎闰不书，此何以书？丧以闰数也。丧曷为以闰数？丧数略也。

六年，春，城邾娄葭。

晋赵鞅帅师伐鲜虞。

吴伐陈。

夏，齐国夏及高张来奔。

叔还会吴于柤。

秋，七月，庚寅，楚子轸卒。

齐阳生入于齐。

齐陈乞弑其君舍。

◎弑而立者，不以当国之辞言之，此其以当国之辞言之何？为谖也。此其为谖奈何？景公谓陈乞曰："吾欲立舍何如？"陈乞曰："所乐乎为君者，欲立之则立之，不欲立则不立。君如欲立之，则臣请立之。"阳生谓陈乞曰："吾闻子盖将不欲立我也。"陈乞曰："夫千乘之主，将废正而立不正，必杀正者。吾不立子者，所以生子者也，走矣！"与之玉节而走之。景公死而舍立。陈乞使人迎阳生于诸其家。除景公之丧，诸大夫皆在朝，陈乞曰："常之母有鱼菽之祭，愿诸大夫之化我也。"诸大夫皆曰："诺。"于是皆之陈乞之家坐。陈乞曰："吾有所为甲，请以示焉。"诸大夫皆曰："诺。"于是使力士举巨囊而至于中霤，诸大夫见之皆色然而骇，开之则闯然公子阳生也。陈乞曰："此君也已！"诸大夫不得已皆逡巡北面，再拜稽首而君之尔，自是往弑舍。

冬，仲孙何忌帅师伐邾娄。

宋向巢帅师伐曹。

七年，春，宋皇瑗帅师侵郑。

晋魏曼多帅师侵卫。

夏，公会吴于鄫。

秋，公伐邾娄。

八月，己酉，入邾娄，以邾娄子益来。

◎入不言伐，此其言伐何？内辞也，若使他人然。邾娄子益何以名？绝。曷为绝之？获也。曷为不言其获？内大恶讳也。

宋人围曹。

冬，郑驷弘帅师救曹。

八年，春，王正月，宋公入曹，以曹伯阳归。

◎曹伯阳何以名？绝。曷为绝之？灭也。曷为不言其灭？讳同姓之灭也。何讳乎同姓之灭？力能救之而不救也。

吴伐我。

夏，齐人取欢及僤。

◎外取邑不书，此何以书？所以赂齐也。曷为赂齐？为以邾娄子益来也。

归邾娄子益于邾娄。

秋，七月。

冬，十有二月，癸亥，杞伯过卒。

齐人归讙及僤。

九年，春，王二月，葬杞僖公。

宋皇瑗帅师取郑师于雍丘。

◎其言取之何？易也。其易奈何？诈之也。

夏，楚人伐陈。

秋，宋公伐郑。

冬，十月。

十年，春，王二月，邾娄子益来奔。

公会吴伐齐。

三月，戊戌，齐侯阳生卒。

夏，宋人伐郑。

晋赵鞅帅师侵齐。

五月，公至自伐齐。

葬齐悼公。

卫公孟弫自齐归于卫。

薛伯寅卒。

秋，葬薛惠公。

冬，楚公子结帅师伐陈。吴救陈。

哀公卷第二十八（起十一年，尽十四年）

十有一年，春，齐国书帅师伐我。

夏，陈袁颇出奔郑。

五月，公会吴伐齐。甲戌，齐国书帅师及吴战于艾陵，齐师败绩，获齐国书。

秋，七月，辛酉，滕子虞母卒。

冬，十有一月，葬滕隐公。

卫世叔齐出奔宋。

十有二年，春，用田赋。

◎何以书？讥。何讥尔？讥始用田赋也。

夏，五月，甲辰，孟子卒。

◎孟子者何？昭公之夫人也。其称孟子何？讳娶同姓，盖吴女也。

公会吴于橐皋。

秋，公会卫侯、宋皇瑗于运。

宋向巢帅师伐郑。

冬，十有二月，螽。

◎何以书？记异也。何异尔？不时也。

十有三年，春，郑轩达帅师取宋师于嵒。

◎其言取之何？易也。其易奈何？诈反也。

夏，许男戌卒。

公会晋侯及吴子于黄池。

◎吴何以称子？吴主会也。吴主会则曷为先言晋侯？不与夷狄之主中国也。其言及吴子何？会两伯之辞也。不与夷狄之主中国，则曷为以会两伯之辞言之？重吴也。曷为重吴？吴在是则天下诸侯莫敢不至也。

楚公子申帅师伐陈。

於越入吴。

秋，公至自会。

晋魏多帅师侵卫。

◎此晋魏曼多也。曷为谓之晋魏多？讥二名，二名非礼也。

葬许元公。

九月，螽。

冬，十有一月，有星孛于东方。

◎孛者何？彗星也。其言于东方何？见于旦也。何以书？记异也。

盗杀陈夏彄夫。

十有二月，螽。

十有四年，春，西狩获麟。

◎何以书？记异也。何异尔？非中国之兽也。然则孰狩之？薪采者也。薪采者则微者也，曷为以狩言之？大之也。曷为大之？为获麟大之也。曷为为获麟大之？麟者，仁兽也，有王者则至，无王者则不至。有以告者曰："有麇而角者。"孔子曰："孰为来哉！孰为来哉！"反袂拭面涕沾袍。颜渊死，子曰："噫！天丧予。"子路死，子曰："噫！天祝予。"西狩获麟，孔子曰："吾道穷矣。"《春秋》何以始乎隐？祖之所逮闻也。所见异辞，所闻异辞，所传闻异辞。何以终乎哀十四年？曰："备矣！"君子曷为为《春秋》？拨乱世，反诸正，莫近诸《春秋》。则未知其为是与？其诸君子乐道尧、舜之道与？末不亦乐乎尧、舜之知君子也？制《春秋》之义，以俟后圣，以君子之为，亦有乐乎此也。

穀梁传

隐公卷第一（起元年，尽三年）

元年，春，王正月。

◎虽无事，必举正月，谨始也。公何以不言即位？成公志也。焉成之？言君之不取为公也。君之不取为公，何也？将以让桓也。让桓正乎？曰不正。《春秋》成人之美，不成人之恶。隐不正而成之，何也？将以恶桓也。其恶桓，何也？隐将让而桓弑之，则桓恶矣。桓弑而隐让，则隐善矣。善则其不正焉，何也？《春秋》贵义而不贵惠，信道而不信邪。孝子扬父之美，不扬父之恶。先君之欲与桓，非正也，邪也。虽然，既胜其邪心以与隐矣，已探先君之邪志而遂以与桓，则是成父之恶也。兄弟，天伦也。为子受之父，为诸侯受之君。已废天伦而忘君父，以行小惠，曰小道也。若隐者，可谓轻千乘之国，蹈道则未也。

三月，公及邾仪父盟于昧。

◎及者何？内为志焉尔。仪，字也。父犹傅也，男子之美称也。其不言邾子，何也？邾之上古微，未爵命于周也。不日，其盟渝也。昧，地名也。

夏，五月，郑伯克段于鄢。

◎克者何？能也。何能也？能杀也。何以不言杀？见段之有徒众也。段，郑伯弟也。何以知其为弟也？杀世子、母弟目君。以其目君，知其为弟也。段，弟也，而弗谓弟；公子也，而弗谓公子，贬之也。段失子弟之道矣，贱段而甚郑伯也。何甚乎郑伯？甚郑伯之处心积虑，成于杀也。于鄢，远也。犹曰取之其母之怀中而杀之云尔，甚之也。然则为郑伯者宜奈何？缓追逸贼，亲亲之道也。

秋，七月，天王使宰咺来归惠公、仲子之赗。

◎母以子氏，仲子者何？惠公之母，孝公之妾也。礼，赗人之母则可，赗人之妾则不可。君子以其可辞受之。其志，不及事也。赗者何也？乘马曰赗，衣衾曰襚，贝玉曰含，钱财曰赙。

九月，及宋人盟于宿。

◎及者何？内卑者也。宋人、外卑者也。卑者之盟不日。宿，邑名也。

冬，十有二月，祭伯来。

◎来者，来朝也。其弗谓朝，何也？寰内诸侯，非有天子之命，不得出会诸侯。不正其外交，故弗与朝也。聘弓鍭矢不出竟埸，束脩之肉不行竟中，有至尊者不贰之也。

公子益师卒。

大夫日卒，正也；不日卒，恶也。

二年，春，公会戎于潜。

◎会者，外为主焉尔。知者虑，义者行，仁者守，有此三者，然后可以出会。会戎，危公也。

夏，五月，莒人入向。

◎入者，内弗受也。向，我邑也。

无侅帅师入极。

◎入者，内弗受也。极，国也。苟焉以入人为志者，人亦入之矣。不称氏者，灭同姓，贬也。

秋，八月，庚辰，公及戎盟于唐。

九月，纪履緰来逆女。

◎逆女，亲者也。使大夫，非正也。以国氏者，为其来交接于我，故君子进之也。

冬，十月，伯姬归于纪。

◎礼：妇人谓嫁曰归，反曰来归，从人者也。妇人在家制于父，既嫁制于夫，夫死从长子，妇人不专行，必有从也。伯姬归于纪，此其如专行之辞，何也？曰：非专行也，吾伯姬归于纪，故志之也。其不言使，何也？逆之道微，无足道焉尔。

纪子伯莒子盟于密。

◎或曰，纪子伯莒子而与之盟。或曰，年同爵同，故纪子以伯先也。

十有二月，乙卯，夫人子氏薨。

◎夫人薨，不地。夫人者，隐之妻也。卒而不书葬，夫人之义，从君者也。

郑人伐卫。

三年，春，王二月，己巳，日有食之。

◎言日不言朔，食晦日也。其日有食之，何也？吐者外壤，食者内壤，阙然不见其壤，有食之者也。有，内辞也；或外辞也。有食之者，内于日也。其不言食之者，何也？知其不可知，知也。

三月，庚辰，天王崩。

◎高曰崩，厚曰崩，尊曰崩。天子之崩，以尊也。其崩之，何也？以其在民上，故崩之。其不名，何也？大上，故不名也。

夏，四月，辛卯，尹氏卒。

◎尹氏者，何也？天子之大夫也。外大夫不卒，此何以卒之也？于天子之崩为鲁主，故隐而卒之。

秋，武氏子来求赙。

◎武氏子者，何也？天子之大夫也。天子之大夫，其称武氏之子，何也？未毕丧，孤未爵，未爵使之，非正也。其不言使，何也？无君也。归死者曰赗，归生者曰赙。曰归之者，正也；求之者，非正也。周虽不求，鲁不可以不归。鲁虽不归，周不可以求之。求之为言，得不得未可知之辞也。交讥之。

八月，庚辰，宋公和卒。

◎诸侯日卒，正也。

冬，十有二月，齐侯、郑伯盟于石门。

癸未，葬宋缪公。

◎日葬，故也，危不得葬也。

隐公卷第二（起四年，尽十一年）

四年，春，王二月，莒人伐杞，取牟娄。

◎传曰：言伐言取，所恶也。诸侯相伐，取地于是始，故谨而志之也。

戊申，卫祝吁弑其君完。

◎大夫弑其君，以国氏者，嫌也，弑而代之也。

夏，公及宋公遇于清。

◎及者，内为志焉尔。遇者，志相得也。

宋公、陈侯、蔡人、卫人伐郑。

秋，翚帅师会宋公、陈侯、蔡人、卫人伐郑。

◎翚者何也？公子翚也。其不称公子，何也？贬之也。何为贬之也？与于弑公，故贬也。

九月，卫人杀祝吁于濮。

◎称人以杀，杀有罪也。祝吁之挈，失嫌也。其月，谨之也。于濮者，讥失贼也。

冬，十有二月，卫人立晋。

◎卫人者，众辞也。立者，不宜立者也。晋之名，恶也。其称人以立之，何也？得众也。得众则是贤也。贤则其曰不宜立，何也?《春秋》之义，诸侯与正而不与贤也。

五年，春，公观鱼于棠。

◎传曰：常事曰视，非常曰观。礼，尊不亲小事，卑不尸大功。鱼，卑者之事也，公观之，非正也。

夏，四月，葬卫桓公。

◎月葬，故也。

秋，众师入郕。

◎入者，内弗受也。郕，国也。将卑师众曰师。

九月，考仲子之宫。

◎考者，何也？考者，成之也。成之为夫人也。礼，庶子为君，为其母筑宫，使公子主其祭也。于子祭，于孙止。仲子者，惠公之母，隐孙而修之，非隐也。

初献六羽。

◎初，始也。穀梁子曰："舞《夏》，天子八佾，诸公六佾，诸侯四佾。初献六羽，始僭乐矣。"《尸子》曰："舞《夏》，自天子至诸侯皆用八佾。初献六羽，始厉乐矣。"

邾人、郑人伐宋。

螟。

◎虫灾也。甚则月，不甚则时。

冬，十有二月，辛巳，公子彄卒。

◎隐不爵命大夫，其曰公子彄，何也？先君之大夫也。

宋人伐郑，围长葛。

◎伐国不言围邑，此其言围，何也？久之也。伐不逾时，战不逐奔，诛不填服。苞人民、殴牛马曰侵，斩树木、坏宫室曰伐。

六年，春，郑人来输平。

◎输者，堕也；平之为言，以道成也。来输平者，不果成也。

夏，五月，辛酉，公会齐侯盟于艾。

秋，七月。

冬，宋人取长葛。

◎外取邑不志，此其志何也？久之也。

七年，春，王三月，叔姬归于纪。

◎其不言逆，何也？逆之道微，无足道焉尔。

滕侯卒。

◎滕侯无名。少曰世子，长曰君，狄道也。其不正者名也。

夏，城中丘。

◎城，为保民为之也。民众城小则益城，益城无极。凡城之志，皆讥也。

齐侯使其弟年来聘。

◎诸侯之尊，弟兄不得以属通。其弟云者，以其来接于我，举其贵者也。

秋，公伐邾。

冬，天王使凡伯来聘，戎伐凡伯于楚丘以归。

◎凡伯者，何也？天子之大夫也。国而曰伐，此一人而曰伐，何也？大天子之命也。戎者，卫也。戎卫者，为其伐天子之使，贬而戎之也。楚丘，卫之邑也。以归，犹愈乎执也。

八年，春，宋公、卫侯。遇于垂。

◎不期而会曰遇。遇者，志相得也。

三月，郑伯使宛来归邴。

◎名宛，所以贬郑伯，恶与地也。

庚寅，我入邴。

◎入者，内弗受也。日入，恶入者也。邴者，郑伯所受命于天子，而祭泰山之邑也。

夏，六月，己亥，蔡侯考父卒。

◎诸侯日卒，正也。

辛亥，宿男卒。

◎宿，微国也。未能同盟，故男卒也。

秋，七月，庚午，宋公、齐侯、卫侯盟于瓦屋。

◎外盟不日，此其日，何也？诸侯之参盟于是始，故谨而日之也。诰誓不及五帝，盟诅不及三王，交质子不及二伯。

八月，葬蔡宣公。

◎月葬，故也。

九月，辛卯，公及莒人盟于包来。

◎可言公及人，不可言公及大夫。

螟。

冬，十有二月。无侅卒。

◎无侅之名，未有闻焉。或曰：隐不爵大夫也。或说曰：故贬之也。

九年，春，天王使南季来聘。

◎南，氏姓也。季，字也。聘，问也。聘诸侯，非正也。

三月，癸酉，大雨，震电。

◎震，雷也。电，霆也。

庚辰，大雨雪。

◎志疏数也。八日之间，再有大变，阴阳错行，故谨而日之也。雨月，志正也。

侠卒。

◎侠者，所侠也。弗大夫者，隐不爵大夫也。隐之不爵大夫，何也？曰：不成为君也。

夏，城郎。

秋，七月。

◎无事焉，何以书？不遗时也。

冬，公会齐侯于防。

◎会者，外为主焉尔。

十年，春，王二月，公会齐侯、郑伯于中丘。

夏，翚帅师会齐人、郑人伐宋。

六月，壬戌，公败宋师于菅。

◎内不言战，举其大者也。

辛未，取郜。

辛巳，取防。

◎取邑不日，此其日，何也？不正其乘败人而深为利，取二邑，故谨而日之也。

秋，宋人、卫人入郑。

宋人、蔡人、卫人伐载。郑伯伐取之。

◎不正其因人之力而易取之，故主其事也。

冬，十月，壬午，齐人、郑人入郕。

◎入者，内弗受也。日入，恶入者也。郕，国也。

十有一年，春，滕侯、薛侯来朝。

◎天子无事，诸侯相朝，正也。考礼修德，所以尊天子也。诸侯来朝，时，正也。犆言，同时也。累数，皆至也。

夏，五月，公会郑伯于时来。

秋，七月，壬午，公及齐侯、郑伯入许。

冬，十有一月，壬辰，公薨。

◎公薨不地，故也。隐之，不忍地也。其不言葬，何也？君弑，贼不讨，不书葬，以罪下也。隐十年无正，隐不自正也。元年有正，所以正隐也。

桓公卷第三（起元年，尽七年）

元年，春，王正月。

◎桓无王，其曰王，何也？谨始也。其曰无王，何也？桓弟弑兄，臣弑君，天子不能定，诸侯不能救，百姓不能去，以为无王之道，遂可以至焉尔。元年有王，所以治桓也。

公即位。

◎继故不言即位，正也。继故不言即位之为正，何也？曰：先君不以其道终，则子弟不忍即位也。继故而言即位，则是与闻乎弑也。继故而言即位，是为与闻乎弑，何也？曰：先君不以其道终，已正即位之道而即位，是无恩于先君也。

三月，公会郑伯于垂。

◎会者，外为主焉尔。

郑伯以璧假许田。

◎假不言以，言以，非假也。非假而曰假，讳易地也。礼：天子在上，诸侯不得以地相与也。无田则无许可知矣。不言许，不与许也。许田者，鲁朝宿之邑也。邴者，郑伯之所受命而祭泰山之邑也。用见鲁之不朝于周，而郑之不祭泰山也。

夏，四月，丁未，公及郑伯盟于越。

◎及者，内为志焉尔。越，盟地之名也。

秋，大水。

◎高下有水灾曰大水。

冬，十月。

◎无事焉，何以书？不遗时也。《春秋》编年，四时具而后为年。

二年，春，王正月，戊申，宋督弑其君与夷，

◎桓无王，其曰王，何也？正与夷之卒也。

及其大夫孔父。

◎孔父先死，其曰及，何也？书尊及卑，《春秋》之义也。孔父之先死，何也？督欲弑君，而恐不立，于是乎先杀孔父。孔父闲也。何以知其先杀孔父也？曰：子既死，父不忍称其名；臣既死，君不忍称其名，以是知君之累之也。孔，氏；父，字谥也。或曰：其不称名，盖为祖讳也。孔子故宋也。

滕子来朝。

三月，公会齐侯、陈侯、郑伯于稷，以成宋乱。

◎以者，内为志焉尔。公为志乎成是乱也。此成矣，取不成事之辞而加之焉。于内之恶，而君子无遗焉尔。

夏，四月，取郜大鼎于宋。戊申，纳于太庙。

◎桓内弑其君，外成人之乱，受赂而退，以事其祖，非礼也。其道以周公为弗受也。郜鼎者，郜之所为也。曰宋，取之宋也，以是为讨之鼎也。孔子曰："名从主人，物从中国。"故曰郜大鼎也。

秋，七月，纪侯来朝。

◎朝时，此其月，何也？桓内弑其君，外成人之乱，于是为齐侯、陈侯、郑伯讨，数日以赂。已即是事而朝之，恶之，故谨而月之也。

蔡侯、郑伯会于邓。

九月，入杞。

◎我入之也。

公及戎盟于唐。

冬，公至自唐。

◎桓无会而其致，何也？远之也。

三年，春，正月，公会齐侯于嬴。

夏，齐侯、卫侯胥命于蒲。

◎胥之为言，犹相也。相命而信谕，谨言而退，以是为近古也。是必一人先，其以相言之，何也？不以齐侯命卫侯也。

六月，公会杞侯于郕。

秋，七月，壬辰朔，日有食之，既。

◎言日言朔，食正朔也。既者，尽也，有继之辞也。

公子翚如齐逆女。

◎逆女，亲者也。使大夫，非正也。

九月，齐侯送姜氏于讙。

◎礼：送女，父不下堂，母不出祭门，诸母兄弟不出阙门。父戒之曰："谨慎从尔舅之言。"母戒之曰："谨慎从尔姑之言。"诸母般申之曰："谨慎从尔父母之言。"送女逾竟，非礼也。

公会齐侯于讙。

◎无讥乎？曰：为礼也。齐侯来也，公之逆而会之可也。

夫人姜氏至自齐。

◎其不言翚之以来，何也？公亲受之于齐侯也。子贡曰：

“冕而亲迎，不已重乎?”孔子曰：“合二姓之好，以继万世之后，何谓已重乎?”

冬，齐侯使其弟年来聘。

有年。

◎五谷皆熟，为有年也。

四年，春，正月，公狩于郎。

◎四时之田，皆为宗庙之事也。春曰田，夏曰苗，秋曰蒐，冬曰狩。四时之田用三焉，唯其所先得，一为干豆，二为宾客，三为充君之庖。

夏，天王使宰渠伯纠来聘。

五年，春，正月，甲戌、己丑，陈侯鲍卒。

◎鲍卒，何为以二日卒之?《春秋》之义，信以传信，疑以传疑。陈侯以甲戌之日出，己丑之日得，不知死之日，故举二日以包也。

夏，齐侯、郑伯如纪。

天王使任叔之子来聘。

◎任叔之子者，录父以使子也。故微其君臣而著其父子，不正父在子代仕之辞也。

葬陈桓公。

城祝丘。

秋，蔡人、卫人、陈人从王伐郑。

◎举从者之辞也。其举从者之辞，何也?为天王讳伐郑也。郑，同姓之国也。在乎冀州，于是不服，为天子病矣。

大雩。

螽。

◎螽，虫灾也。甚则月，不甚则时。

冬，州公如曹。

◎外相如不书，此其书，何也？过我也。

六年，春，正月，寔来。

◎寔来者，是来也。何谓是来？谓州公也。其谓之是来，何也？以其画我，故简言之也。诸侯不以过相朝也。

夏，四月，公会纪侯于郕。

秋，八月，壬午，大阅。

◎大阅者何？阅兵车也。修教明谕，国道也。平而修戎事，非正也。其日，以为崇武，故谨而日之，盖以观妇人也。

蔡人杀陈佗。

◎陈佗者，陈君也。其曰陈佗，何也？匹夫行，故匹夫称之也。其匹夫行奈何？陈侯喜猎，淫猎于蔡，与蔡人争禽。蔡人不知其是陈君也，而杀之。何以知其是陈君也？两下相杀，不道。其不地，于蔡也。

九月，丁卯，子同生。

◎疑，故志之。时曰，同乎人也。

冬，纪侯来朝。

七年，春，二月，己亥，焚咸丘。

◎其不言邾咸丘，何也？疾其以火攻也。

夏，穀伯绥来朝，邓侯吾离来朝。

◎其名，何也？失国也。失国则其以朝言之，何也？尝以诸侯与之接矣。虽失国，弗损吾异日也。

桓公卷第四（起八年，尽十八年）

八年，春，正月，己卯，烝。

◎烝，冬事也。春兴之，志不时也。

天王使家父来聘。

夏，五月，丁丑，烝。

◎烝，冬事也。春夏兴之，黩祀也，志不敬也。

秋，伐邾。

冬，十月，雨雪。

祭公来，遂逆王后于纪。

◎其不言使焉，何也？不正其以宗庙之大事即谋于我，故弗与使也。遂，继事之辞也。其曰遂逆王后，故略之也。或曰天子无外，王命之则成矣。

九年，春，纪季姜归于京师。

◎为之中者，归之也。

夏，四月。

秋，七月。

冬，曹伯使其世子射姑来朝。

◎朝不言使，言使非正也。使世子伉诸侯之礼而来朝，曹伯失正矣。诸侯相见曰朝。以待人父之道待人之子，以内为失正矣。内失正，曹伯失正，世子可以已矣。则是放命也。《尸子》曰："夫已，多乎道。"

十年，春，王正月，庚申，曹伯终生卒。

◎桓无王，其曰王，何也？正终生之卒也。

夏，五月，葬曹桓公。

秋，公会卫侯于桃丘。弗遇。

◎弗遇者，志不相得也。弗，内辞也。

冬，十有二月，丙午，齐侯、卫侯、郑伯来战于郎。

◎来战者，前定之战也。内不言战，言战则败也。不言其人，以吾败也。不言及者，为内讳也。

十有一年，春，正月，齐人、卫人、郑人盟于恶曹。

夏，五月，癸未，郑伯寤生卒。

秋，七月，葬郑庄公。

九月，宋人执郑祭仲。

◎宋人者，宋公也。其曰人，何也？贬之也。

突归于郑。

◎曰突，贱之也。曰归，易辞也。祭仲易其事，权在祭仲也。死君难，臣道也。今立恶而黜正，恶祭仲也。

郑忽出奔卫。

◎郑忽者，世子忽也。其名，失国也。

柔会宋公、陈侯、蔡叔，盟于折。

◎柔者何？吾大夫之未命者也。

公会宋公于夫钟。

冬，十有二月，公会宋公于阚。

十有二年，春，正月。

夏，六月，壬寅，公会纪侯、莒子，盟于曲池。

秋，七月，丁亥，公会宋公、燕人，盟于谷丘。

八月，壬辰，陈侯跃卒。

公会宋公于虚。

冬，十有一月，公会宋公于龟。

丙戌，公会郑伯盟于武父。

丙戌，卫侯晋卒。

◎再称日，决日义也。

十有二月，及郑师伐宋。丁未，战于宋。

◎非与所与伐战也。不言与郑战，耻不和也。于伐与战，败也。内讳败，举其可道者也。

十有三年，春，二月，公会纪侯、郑伯。己巳，及齐侯、宋公、卫侯、燕人战。齐师、宋师、卫师、燕师败绩。

◎其言及者，由内及之也。其曰战者，由外言之也。战称人，败称师，重众也。其不地，于纪也。

三月，葬卫宣公。

夏，大水。

秋，七月。

冬，十月。

十有四年，春，正月，公会郑伯于曹。

无冰。

◎无冰，时燠也。

夏五，郑伯使其弟御来盟。

◎诸侯之尊，弟兄不得以属通。其弟云者，以其来我，举其贵者也。来盟，前定也。不日，前定之盟不日。孔子曰："听远音者，闻其疾而不闻其舒。望远者，察其貌而不察其形。"立乎定、哀，以指隐、桓，隐桓之日远矣。夏五，传疑也。

秋，八月，壬申，御廪灾。乙亥，尝。

◎御廪之灾不志，此其志，何也？以为唯未易灾之余而尝可也，志，不敬也。天子亲耕，以共粢盛。王后亲蚕，以共祭服。国非无良农工女也，以为人之所尽事其祖祢，不若以己所自亲者也。何用见其未易灾之余而尝也？曰：甸粟而内之三宫，三宫米而藏之御廪。夫尝，必有兼甸之事焉。壬申，御廪灾，乙亥，尝，以为未易灾之余而尝也。

冬，十有二月，丁巳，齐侯禄父卒。

宋人以齐人、蔡人、卫人、陈人伐郑。

◎以者，不以者也。民者，君之本也。使人以其死，非正也。

十有五年，春，二月，天王使家父来求车。

◎古者诸侯时献于天子，以其国之所有，故有辞让，而无征求。求车，非礼也。求金，甚矣。

三月，乙未，天王崩。

夏，四月，己巳，葬齐僖公。

五月，郑伯突出奔蔡。

◎讥夺正也。

郑世子忽复归于郑。

◎反正也。

许叔入于许。

◎许叔，许之贵者也，莫宜乎许叔。其曰入，何也？其归之道，非所以归也。

公会齐侯于蒿。

邾人、牟人、葛人来朝。

秋，九月，郑伯突入于栎。

冬，十有一月，公会宋公、卫侯、陈侯于袲，伐郑。

◎地而后伐，疑辞也，非其疑也。

十有六年，春，正月，公会宋公、蔡侯、卫侯于曹。

夏，四月，公会宋公、卫侯、陈侯、蔡侯，伐郑。

秋，七月，公至自伐郑。

◎桓无会，其致何也？危之也。

冬，城向。

十有一月，卫侯朔出奔齐。

◎朔之名，恶也，天子召而不往也。

十有七年，春，正月，丙辰，公会齐侯、纪侯，盟于黄。

二月，丙午，公及邾仪父盟于趡。

夏，五月，丙午，及齐师战于郎。

◎内讳败，举其可道者也。不言其人，以吾败也。不言及之者，为内讳也。

六月，丁丑，蔡侯封人卒。

秋，八月，蔡季自陈归于蔡。

◎蔡季，蔡之贵者也。自陈，陈有奉焉尔。

癸巳，葬蔡桓侯。

及宋人、卫人伐邾。

冬，十月，朔，日有食之。

◎言朔不言日，食既朔也。

十有八年，春，王正月，公会齐侯于泺。公与夫人姜氏遂如齐。

◎泺之会，不言及夫人，何也？以夫人之伉，弗称数也。

夏，四月，丙子，公薨于齐。

◎其地，于外也。薨称公，举上也。

丁酉，公之丧至自齐。

秋，七月。

冬，十有二月，己丑，葬我君桓公。

◎葬我君，接上下也。君弑，贼不讨，不书葬，此其言葬，何也？不责逾国而讨于是也。桓公葬而后举谥，谥所以成德也，于卒事乎加之矣。知者虑，义者行，仁者守。有此三者备，然后可以会矣。

庄公卷第五（起元年，尽十八年）

元年，春，王正月。

◎继弑君，不言即位，正也。继弑不言即位之为正，何也？曰：先君不以其道终，则子不忍即位也。

三月，夫人孙于齐。

◎孙之为言，犹孙也，讳奔也。接练时，录母之变，始人之也。不言氏姓，贬之也。人之于天也，以道受命；于人也，以言受命。不若于道者，天绝之也。不若于言者，人绝之也。臣子大受命。

夏，单伯逆王姬。

◎单伯者何？吾大夫之命乎天子者也。命大夫，故不名也。其不言如，何也？其义不可受于京师也。其义不可受于京师，何也？曰：躬君弑于齐，使之主婚姻，与齐为礼，其义固不可受也。

秋，筑王姬之馆于外。

◎筑，礼也。于外，非礼也。筑之为礼，何也？主王姬者，必自公门出。于庙则已尊，于寝则已卑，为之筑，节矣。筑之外，变之正也。筑之外，变之为正，何也？仇雠之人，非所以接婚姻也。衰麻，非所以接弁冕也。其不言齐侯之来逆，何也？不使齐侯得与吾为礼也。

冬，十月，乙亥，陈侯林卒。

◎诸侯日卒，正也。

王使荣叔来锡桓公命。

◎礼有受命，无来锡命。锡命，非正也。生服之，死行之，礼也。生不服，死追锡之，不正甚矣。

王姬归于齐。

◎为之中者归之也。

齐师迁纪、郱鄑郚。

◎纪，国也。郱、鄑、郚，国也。或曰：迁纪于郱鄑郚。

二年，春，王二月，葬陈庄公。

夏，公子庆父帅师伐于馀丘。

◎国而曰伐。于馀丘，邾之邑也。其曰伐，何也？公子贵矣，师重矣，而敌人之邑，公子病矣。病公子，所以讥乎公也。其一曰：君在而重之也。

秋，七月，齐王姬卒。

◎为之主者，卒之也。

冬，十有二月，夫人姜氏会齐侯于禚。

◎妇人既嫁，不逾竟，逾竟，非正也。妇人不言会，言会，非正也。飨，甚矣。

乙酉，宋公冯卒。

三年，春，王正月，溺会齐侯伐卫。

◎溺者何也？公子溺也。其不称公子，何也？恶其会仇雠而伐同姓，故贬而名之也。

夏，四月，葬宋庄公。

◎月葬，故也。

五月，葬桓王。

◎传曰：改葬也。改葬之礼缌，举下缅也。或曰：郤尸以求诸侯。天子志崩不志葬，必其时也。何必焉？举天下而葬一人，其义不疑也。志葬，故也，危不得葬也。曰：近不失崩，不志崩，失天下也。独阴不生，独阳不生，独天不生，三合然后生。故曰：母之子也可，天之子也可。尊者取尊称焉，卑者取卑称焉。其曰王者，民之所归往也。

秋，纪季以酅入于齐也。

◎酅，纪之邑也。入于齐者，以酅事齐也。入者，内弗受也。

冬，公次于郎。

◎次，止也，有畏也。欲救纪而不能也。

四年，春，王二月，夫人姜氏飨齐侯于祝丘。

◎飨，甚矣。飨齐侯，所以病齐侯也。

三月，纪伯姬卒。

◎外夫人不卒，此其言卒，何也？吾女也。适诸侯则尊同，以吾为之变，卒之也。

夏，齐侯、陈侯、郑伯遇于垂。

纪侯大去其国。

◎大去者，不遗一人之辞也。言民之从者，四年而后毕也。纪侯贤，而齐侯灭之，不言灭而曰大去其国者，不使小人加乎君子。

六月，乙丑，齐侯葬纪伯姬。

◎外夫人不书葬，此其书葬，何也？吾女也。失国，故隐而葬之。

秋，七月。

冬，公及齐人狩于郜。

◎齐人者，齐侯也。其曰人，何也？卑公之敌，所以卑公也。何为卑公也？不复仇而怨不释，刺释怨也。

五年，春，王正月。

夏，夫人姜氏如齐师。

◎师而曰如，众也。妇人既嫁不逾竟，逾竟，非礼也。

秋，郳黎来来朝。

◎郳，国也。黎来，微国之君，未爵命者也。

冬，公会齐人、宋人、陈人、蔡人伐卫。

◎是齐侯、宋公也，其曰人，何也？人诸侯，所以人公也。其人公，何也？逆天王之命也。

六年，春，王三月，王人子突救卫。

◎王人，卑者也。称名，贵之也。善救卫也。救者善，则伐者不正矣。

夏，六月，卫侯朔入于卫。

◎其不言伐卫纳朔，何也？不逆天王之命也。入者，内弗受也。何用弗受也？为以王命绝之也。朔之名，恶也。朔入逆，则出顺矣。朔出入名，以王命绝之也。

秋，公至自伐卫。

◎恶事不致，此其致，何也？不致，则无用见公之恶事之成也。

螟。

冬，齐人来归卫宝。

◎以齐首之，分恶于齐也。使之如下齐而来我然，恶战则杀矣。

七年，春，夫人姜氏会齐侯于防。

◎妇人不会，会，非正也。

夏，四月，辛卯，昔，恒星不见。

◎恒星者，经星也。日入至于星出谓之昔。不见者，可以见也。

夜中，星陨如雨。

◎其陨也如雨，是夜中与？《春秋》著以传著，疑以传疑。中之几也，而曰夜中，著焉尔。何用见其中也？失变而录其时，则夜中矣。其不曰恒星之陨，何也？我知恒星之不见，而不知其陨也。我见其陨而接于地者，则是雨说也。著于上，见于下，谓之雨；著于下，不见于上，谓之陨，岂雨说哉？

秋，大水。

◎高下有水灾，曰大水。

无麦、苗。

◎麦、苗同时也。

冬，夫人姜氏会齐侯于穀。

◎妇人不会，会，非正也。

八年，春，王正月，师次于郎，以俟陈人、蔡人。

◎次，止也。俟，待也。

甲午，治兵。

◎出曰治兵，习战也。入曰振旅，习战也。治兵而陈、蔡不至矣。兵事以严终，故曰善陈者不战，此之谓也。善为国者不师，善师者不陈，善陈者不战，善战者不死，善死者不亡。

夏，师及齐师围郕。郕降于齐师。

◎其曰降于齐师何？不使齐师加威于郕也。

秋，师还。

◎还者，事未毕也，遁也。

冬，十有一月，癸未，齐无知弑其君诸儿。

◎大夫弑其君，以国氏者，嫌也，弑而代之也。

九年，春，齐人杀无知。

◎无知之挈，失嫌也。称人以杀大夫，杀有罪也。

公及齐大夫盟于暨。

◎公不及大夫。大夫不名，无君也。盟纳子纠也。不日，其盟渝也。当齐无君，制在公矣。当可纳而不纳，故恶内也。

夏，公伐齐，纳纠。

◎当可纳而不纳，齐变而后伐。故乾时之战不讳败，恶内也。

齐小白入于齐。

◎大夫出奔反，以好曰归，以恶曰入。齐公孙无知弑襄公，公子纠、公子小白不能存，出亡。齐人杀无知，而迎公子纠于鲁。公子小白不让公子纠，先入，又杀之于鲁，故曰“齐小白入于齐”，恶之也。

秋，七月，丁酉，葬齐襄公。

八月，庚申，及齐师战于乾时，我师败绩。

九月，齐人取子纠杀之。

◎外不言取，言取，病内也。取，易辞也，犹曰取其子纠而杀之云尔。十室之邑，可以逃难。百室之邑，可以隐死。以千乘之鲁而不能存子纠，以公为病矣。

冬，浚洙。

◎浚洙者，深洙也。著力不足也。

十年，春，王正月，公败齐师于长勺。

◎不日，疑战也。疑战而曰败，胜内也。

二月，公侵宋。

◎侵时，此其月，何也？乃深其怨于齐，又退侵宋以众其敌，恶之，故谨而月之。

三月，宋人迁宿。

◎迁，亡辞也。其不地，宿不复见也。迁者，犹未失其国家以往者也。

夏，六月，齐师、宋师次于郎。

◎次，止也。畏我也。

公败宋师于乘丘。

◎不日，疑战也。疑战而曰败，胜内也。

秋，九月，荆败蔡师于莘，以蔡侯献武归。

◎荆者，楚也。何为谓之荆？狄之也。何为狄之？圣人立，必后至，天子弱，必先叛，故曰荆，狄之也。蔡侯何以名也？绝之也。何为绝之？获也。中国不言败，此其言败，何也？中国不言败，蔡侯其见获乎？其言败，何也？释蔡侯之获也。以归，犹愈乎执也。

冬，十月，齐师灭谭，谭子奔莒。

十有一年，春，王正月。

夏，五月，戊寅，公败宋师于鄑。

◎内事不言战，举其大者。其日，成败之也。宋万之获也。

秋，宋大水。

◎外灾不书，此何以书？王者之后也。高下有水灾，曰大水。

冬，王姬归于齐。

◎其志，过我也。

十有二年，春，王三月，纪叔姬归于酅。

◎国而曰归，此邑也，其曰归，何也？吾女也。失国，喜得其所，故言归焉尔。

夏，四月。

秋，八月，甲午，宋万弑其君捷。

◎宋万，宋之卑者也。卑者以国氏。及其大夫仇牧，以尊及卑也。仇牧，闲也。

冬，十月，宋万出奔陈。

十有三年，春，齐人、宋人、陈人、蔡人、邾人会于北杏。

◎是齐侯、宋公也。其曰人，何也？始疑之。何疑焉？桓非受命之伯也，将以事授之者也。曰，可矣乎？未乎？举人，众之辞也。

夏，六月，齐人灭遂。

◎遂，国也。其不日，微国也。

秋，七月。

冬，公会齐侯，盟于柯。

◎曹刿之盟也，信齐侯也。桓盟虽内与，不日，信也。

十有四年，春，齐人、陈人、曹人伐宋。

夏，单伯会伐宋。

会，事之成也。

秋，七月，荆入蔡。

◎荆者，楚也。其曰荆，何也？州举之也。州不如国，国不如名，名不如字。

冬，单伯会齐侯、宋公、卫侯、郑伯于鄄。

◎复同会也。

十有五年，春，齐侯、宋公、陈侯、卫侯、郑伯会于鄄。

◎复同会也。

夏，夫人姜氏如齐。

◎妇人既嫁不逾竟，逾竟，非礼也。

秋，宋人、齐人、邾人伐郳。

郑人侵宋。

冬，十月。

十有六年，春，王正月。

夏，宋人、齐人、卫人伐郑。

秋，荆伐郑。

冬，十有二月，会齐侯、宋公、陈侯、卫侯、郑伯、许男、曹伯、滑伯、滕子，同盟于幽。

◎同者，有同也，同尊周也。不言公，外内寮一疑之也。

郳子克卒。

◎其曰子，进之也。

十有七年，春，齐人执郑詹。

◎人者，众辞也。以人执，与之辞也。郑詹，郑之卑者。卑者不志，此其志，何也？以其“逃来”志之也。“逃来”则何志焉？将有其末，不得不录其本也。郑詹，郑之佞人也。

夏，齐人歼于遂。

◎歼者，尽也。然则何为不言遂人尽齐人也？无遂之辞也。无遂则何为言遂？其犹存遂也。存遂奈何？曰：齐人灭遂，使人戍之。遂之因氏饮戍者酒而杀之，齐人歼焉。此谓狎敌也。

秋，郑詹自齐逃来。

◎逃义曰逃。

冬，多麋。

十有八年，春，王三月，日有食之。

◎不言日，不言朔，夜食也。何以知其夜食也？曰：王者朝日。故虽为天子，必有尊也。贵为诸侯，必有长也。故天子朝日，诸侯朝朔。

夏，公追戎于济西。

◎其不言戎之伐我，何也？以公之追之，不使戎迩于我也。于济西者，大之也。何大焉？为公之追之也。

秋，有蜮。

◎一有一亡曰有。蜮，射人者也。

冬，十月。

庄公卷第六（十九年至三十二年，尽闵二年）

十有九年，春，王正月。

夏，四月。

秋，公子结媵陈人之妇于鄄，遂及齐侯、宋公盟。

◎媵，浅事也，不志。此其志，何也？辟要盟也。何以见其辟要盟也？媵，礼之轻者也。盟，国之重也。以轻事遂乎国重，无说。其曰陈人之妇，略之也。其不日，数渝，恶之也。

夫人姜氏如莒。

◎妇人既嫁不逾竟，逾竟，非正也。

冬，齐人、宋人、陈人伐我西鄙。

◎其曰鄙，远之也。其远之何也？不以难迩我国也。

二十年，春，王二月，夫人姜氏如莒。

◎妇人既嫁不逾竟，逾竟，非正也。

夏，齐大灾。

◎其志，以甚也。

秋，七月。

冬，齐人伐我。

二十有一年，春，王正月。

夏，五月，辛酉，郑伯突卒。

秋，七月，戊戌，夫人姜氏薨。

◎妇人弗目也。

冬，十有二月，葬郑厉公。

二十有二年，春，王正月，肆大眚。

◎肆，失也。眚，灾也。灾，纪也。失，故也。为嫌天子之葬也。

癸丑，葬我小君文姜。

◎小君，非君也。其曰君，何也？以其为公配，可以言小君也。

陈人杀其公子御寇。

◎言公子而不言大夫，公子未命为大夫也。其曰公子，何也？公子之重视大夫，命以执公子。

夏，五月。

秋，七月，丙申，及齐高傒盟于防。

◎不言公，高傒伉也。

冬，公如齐纳币。

◎纳币，大夫之事也。礼有纳采，有问名，有纳征，有告期。四者备，而后娶，礼也。公之亲纳币，非礼也，故讥之。

二十有三年，春，公至自齐。

祭叔来聘。

◎其不言使，何也？天子之内臣也。不正其外交，故不与使也。

夏，公如齐观社。

◎常事曰视，非常曰观。观，无事之辞也，以是为尸女也。无事不出竟。

公至自齐。

◎公如，往时，正也。致月，故也。如往月、致月，有惧焉尔。

荆人来聘。

◎善累而后进之。其曰人，何也？举道不待再。

公及齐侯遇于穀。

◎及者，内为志焉尔。遇者，志相得也。

萧叔朝公。

◎微国之君未爵命者。其不言来，于外也。朝于庙，正也。于外，非正也。

秋，丹桓宫楹。

◎礼：天子、诸侯黝垩，大夫仓，士黈。丹楹，非礼也。

冬，十有一月，曹伯射姑卒。

十有二月，甲寅，公会齐侯，盟于扈。

二十有四年，春，王三月，刻桓宫桷。

◎礼：天子之桷，斫之砻之，加密石焉。诸侯之桷，斫之砻之。大夫斫之。士斫本。刻桷，非正也。夫人，所以崇宗庙也，取非礼与非正，而加之于宗庙，以饰夫人，非正也。刻桓宫桷，丹桓宫楹，斥言桓宫，以恶庄也。

葬曹庄公。

夏，公如齐逆女。

◎亲迎，恒事也，不志，此其志，何也？不正其亲迎于齐也。

秋，公至自齐。

◎迎者，行见诸，舍见诸。先至，非正也。

八月，丁丑，夫人姜氏入。

◎入者，内弗受也。日入，恶入者也。何用不受也？以宗庙弗受也。其以宗庙弗受，何也？娶仇人子弟，以荐舍于前，其义不可受也。

戊寅，大夫宗妇觌，用币。

◎觌，见也。礼：大夫不见夫人，不言及，不正其行妇道，故列数之也。男子之贽，羔、雁、雉、腒。妇人之贽，枣、栗、锻修。用币，非礼也。用者，不宜用者也。大夫，国体也，而行妇道，恶之，故谨而日之也。

大水。

冬，戎侵曹。曹羁出奔陈。

赤归于曹。郭公。

◎赤，盖郭公也。何为名也？礼：诸侯无外归之义，外归，非正也。

二十有五年，春，陈侯使女叔来聘。

◎其不名，何也？天子之命大夫也。

夏，五月，癸丑，卫侯朔卒。

六月，辛未，朔，日有食之。

◎言日言朔，食正朔也。

鼓，用牲于社。

◎鼓，礼也。用牲，非礼也。天子救日，置五麾，陈五兵、五鼓。诸侯置三麾，陈三鼓、三兵。大夫击门。士击柝。言充其阳也。

伯姬归于杞。

◎其不言逆，何也？逆之道微，无足道焉尔。

秋，大水。鼓，用牲于社、于门。

◎高下有水灾，曰大水。既戒鼓而骇众，用牲可以已矣。救日以鼓兵，救水以鼓众。

冬，公子友如陈。

二十有六年春，公伐戎。

夏，公至自伐戎。

◎曹杀其大夫。言大夫而不称名姓，无命大夫也。无命大夫而曰大夫，贤也。为曹羁崇也。

秋，公会宋人、齐人伐徐。

冬，十有二月癸亥，朔，日有食之。

二十有七年，春，公会杞伯姬于洮。

夏，六月，公会齐侯、宋公、陈侯、郑伯，同盟于幽。

◎同者，有同也，同尊周也，于是而后授之诸侯也。其授之诸侯，何也？齐侯得众也。桓会不致，安之也。桓盟不日，信之也。信其信，仁其仁。衣裳之会十有一，未尝有歃血之盟也，信厚也。兵车之会四，未尝有大战也，爱民也。

秋，公子友如陈，葬原仲。

◎言葬不言卒，不葬者也。不葬而曰葬，讳出奔也。

冬，杞伯姬来。

莒庆来逆叔姬。

◎诸侯之嫁子于大夫，主大夫以与之。来者，接内也。不正其接内，故不与夫妇之称也。

杞伯来朝。

公会齐侯于城濮。

二十有八年，春，王三月，甲寅，齐人伐卫。卫人及齐人战，卫人败绩。

◎于伐与战，安战也？战卫，战则是师也。其曰人，何也？微之也。何为微之也？今授之诸侯，而后有侵伐之事，故微之也。其人卫，何也？以其人齐，不可不人卫也。卫小齐大，其以卫及之，何也？以其微之，可以言及也。其称人以败，何也？不以师败于人也。

夏，四月，丁未，邾子琐卒。

秋，荆伐郑。

◎荆者，楚也。其曰荆，州举之也。

公会齐人、宋人救郑。

◎善救郑也。

冬，筑微。

◎山林薮泽之利，所以与民共也。虞之，非正也。

大无麦、禾。

◎大者，有顾之辞也，于无禾及无麦也。

臧孙辰告籴于齐。

◎国无三年之畜，曰国非其国也。一年不升，告籴诸侯。告，请也。籴，籴也。不正，故举臧孙辰以为私行也。国无九年之畜曰不足，无六年之畜曰急，无三年之畜曰国非其国也。诸侯无粟，诸侯相归粟，正也。臧孙辰告籴于齐，告然后与之，言内之无外交也。古者税什一，丰年补败，不外求而上下皆足也。虽累凶民，民弗病也。一年不艾而百姓饥，君子非之。不言如，为内讳也。

二十有九年，春，新延厩。

◎延厩者，法厩也。其言新，有故也。有故则何为书也？古之君人者，必时视民之所勤。民勤于力，则功筑罕；民勤于财，则贡赋少；民勤于食，则百事废矣。冬筑微，春新延厩，以其用民力为已悉矣。

夏，郑人侵许。

秋，有蜚。

◎一有一亡曰有。

冬，十有二月，纪叔姬卒。

城诸及防。

◎可城也。以大及小也。

三十年，春，王正月。

夏，师次于成。

◎次，止也，有畏也。欲救鄣而不能也。不言公，耻不能救鄣也。

秋，七月，齐人降鄣。

◎降犹下也。鄣，纪之遗邑也。

八月癸亥，葬纪叔姬。

◎不日卒而曰葬，闵纪之亡也。

九月，庚午，朔，日有食之。鼓，用牲于社。

冬，公及齐侯遇于鲁济。

◎及者，内为志焉尔。遇者，志相得也。

齐人伐山戎。

◎齐人者，齐侯也。其曰人，何也？爱齐侯乎山戎也。其爱之何也？桓内无因国，外无从诸侯，而越千里之险北伐山戎，危之也。则非之乎？善之也。何善乎尔？燕，周之分子也，贡职不至，山戎为之伐矣。

三十有一年，春，筑台于郎。

夏，四月，薛伯卒。

筑台于薛。

六月，齐侯来献戎捷。

◎齐侯来献捷者，内齐侯也。不言使，内与同，不言使也。献戎捷，军得曰捷，戎菽也。

秋，筑台于秦。

◎不正罢民三时，虞山林薮泽之利，且财尽则怨，力尽则怼。君子危之，故谨而志之也。或曰：倚诸桓也。桓外无诸侯之变，内无国事，越千里之险，北伐山戎，为燕辟地。鲁外无诸侯之变，内无国事，一年罢民三时，虞山林薮泽之利，恶内也。

冬，不雨。

三十有二年，春，城小榖。

夏，宋公、齐侯遇于梁丘。

◎遇者，志相得也。梁丘在曹、邾之间，去齐八百里。非不能从诸侯而往也，辞所遇，遇所不遇，大齐桓也。

秋，七月，癸巳，公子牙卒。

八月，癸亥，公薨于路寝。

◎路寝，正寝也。寝疾居正寝，正也。男子不绝于妇人之手，以齐终也。

冬，十月，乙未，子般卒。

◎子卒日，正也。不日，故也。有所见则日。

公子庆父如齐。

◎此奔也，其曰如，何也？讳莫如深，深则隐。苟有所见，莫如深也。

狄伐邢。

闵公

元年春，王正月。

◎继弑君，不言即位，正也。亲之非父也，尊之非君也，继之如君父也者，受国焉尔。

齐人救邢。

◎善救邢也。

夏，六月，辛酉，葬我君庄公。

◎庄公葬而后举谥。谥，所以成德也，于卒事乎加之矣。

秋，八月，公及齐侯盟于洛姑。

◎盟纳季子也。

季子来归。

◎其曰季子，贵之也。其曰来归，喜之也。

冬，齐仲孙来。

◎其曰齐仲孙，外之也。其不目而曰仲孙，疏之也。其言齐，以累桓也。

二年，春，王正月，齐人迁阳。

夏，五月，乙酉，吉禘于庄公。

◎吉禘者，不吉者也。丧事未毕而举吉祭，故非之也。

秋，八月，辛丑，公薨。

◎不地，故也。其不书葬，不以讨母葬子也。

九月，夫人姜氏孙于邾。

◎ 孙之为言犹孙也。讳奔也。

公子庆父出奔莒。

◎其曰出，绝之也。庆父不复见矣。

冬，齐高子来盟。

◎ 其曰来，喜之也。其曰高子，贵之也。盟立僖公也。不言使，何也？不以齐侯使高子也。

十有二月，狄入卫。

郑弃其师。

◎恶其长也。兼不反其众，则是弃其师也。

僖公卷第七（起元年，尽五年）

元年，春，王正月。

◎ 继弑君，不言即位，正也。

齐师、宋师、曹师次于聂北，救邢。

◎救不言次，言次非救也。非救而曰救，何也？遂齐侯之意也。是齐侯与？齐侯也。何用见其是齐侯也？曹无师。曹师者，曹伯也。其不言曹伯，何也？以其不言齐侯，不可言曹伯也。其不言齐侯，何也？以其不足乎扬，不言齐侯也。

夏，六月，邢迁于夷仪。

◎ 迁者，犹得其国家以往者也。其地，邢复见也。

齐师、宋师、曹师城邢。

◎是向之师也，使之如改事然，美齐侯之功也。

秋，七月，戊辰，夫人姜氏薨于夷。

◎ 夫人薨，不地。地，故也。

齐人以归。

◎ 不言以丧归，非以丧归也。加丧焉，讳以夫人归也，其以归，薨之也。

楚人伐郑。

八月，公会齐侯、宋公、郑伯、曹伯、邾人于柽。

九月，公败邾师于偃。

◎不日，疑战也。疑战而曰败，胜内也。

冬，十月，壬午，公子友帅师败莒师于丽，获莒挐。

◎莒无大夫，其曰莒挐，何也？以吾获之，目之也。内不言获，此其言获，何也？恶公子之绐。绐者奈何？公子友谓莒挐曰："吾二人不相说，士卒何罪？"屏左右而相搏，公子友处下，左右曰："孟劳！"孟劳者，鲁之宝刀也。公子友以杀之。然则何以恶乎绐也？曰：弃师之道也。

十有二月，丁巳，夫人氏之丧至自齐。

◎其不言姜，以其杀二子，贬之也。或曰：为齐桓讳杀同姓也。

二年春，王正月，城楚丘。

◎楚丘者何？卫邑也。国而曰城，此邑也，其曰城，何也？封卫也。则其不言城卫，何也？卫未迁也。其不言卫之迁焉，何也？不与齐侯专封也。其言城之者，专辞也。故非天子不得专封诸侯。诸侯不得专封诸侯，虽通其仁，以义而不与也。故曰：仁不胜道。

夏，五月，辛巳，葬我小君哀姜。

虞师、晋师灭夏阳。

◎非国而曰灭，重夏阳也。虞无师，其曰师，何也？以其先晋，不可以不言师也。其先晋，何也？为主乎灭夏阳也。夏阳者，虞、虢之塞邑也。灭夏阳，而虞、虢举矣。虞之为主乎灭夏阳何也？晋献公欲伐虢，荀息曰："君何不以屈产之乘、垂棘之璧而借道乎虞也？"公曰："此晋国之宝也，如受吾币而不借吾道，则如之何?”荀息曰：“此小国之所以事大国也。彼不借吾道，必不敢受吾币。如受吾币而借吾道，则是我取之中府而藏之外府，取之中厩而置之外厩也。”公曰：“宫之奇存焉，必不使受之也。”荀息曰：“宫之奇之为人也，达心而懦，又少长于君。达心则其言略，懦则不能强谏，少长于君，则君轻之。且夫玩好在耳目之前，而患在一国之后，此中知以上乃能虑之，臣料虞君，中知以下也。”公遂借道而伐虢。宫之奇谏曰：“晋国之使者，其辞卑而币重，必不便于虞。”虞公弗听，遂受其币而借之道。宫之奇谏曰：“语曰：‘唇亡则齿寒。’其斯之谓与!”挈其妻子以奔曹。献公亡虢，五年而后举虞。荀息牵马操璧而前曰：“璧则犹是也，而马齿加长矣!”

秋，九月，齐侯、宋公、江人、黄人盟于贯。

◎贯之盟，不期而至者，江人、黄人也。江人、黄人者，远国之辞也。中国称齐、宋，远国称江、黄，以为诸侯皆来至也。

冬，十月，不雨。

◎不雨者，勤雨也。

楚人侵郑。

三年，春，王正月，不雨。

◎不雨者，勤雨也。

夏，四月，不雨。

◎ 一时言不雨者，闵雨也。闵雨者，有志乎民者也。

徐人取舒。

六月，雨。

◎雨云者，喜雨也。喜雨者，有志乎民者也。

秋，齐侯、宋公、江人、黄人会于阳谷。

◎阳谷之会，桓公委、端、搢笏而朝诸侯，诸侯皆谕乎桓公之志。

冬，公子季友如齐莅盟。

◎莅者，位也。其不日，前定也。不言及者，以国与之也。不言其人，亦以国与之也。

楚人伐郑。

四年，春，王正月，公会齐侯、宋公、陈侯、卫侯、郑伯、许男、曹伯侵蔡。蔡溃。

◎溃之为言，上下不相得也。侵，浅事也。侵蔡而蔡溃，以桓公为知所侵也。不土其地，不分其民，明正也。

遂伐楚，次于陉。

◎遂，继事也。次，止也。

夏，许男新臣卒。

◎诸侯死于国，不地；死于外，地。死于师，何为不地？内桓师也。

楚屈完来盟于师，盟于召陵。

◎楚无大夫，其曰屈完，何也？以其来会桓，成之为大夫也。其不言使，权在屈完也。则是正乎？曰：非正也。以其来会诸侯，重之也。来者何？内桓师也。于师，前定也。于召陵，得志乎桓公也。得志者，不得志也，以桓公得志为仅矣。屈完曰："大国之以兵向楚，何也？"桓公曰："昭王南征不反。菁茅之贡不至，故周室不祭。"屈完曰："菁茅之贡不至，则诺。昭王南征不反，我将问诸江！"

齐人执陈袁涛涂。

◎齐人者，齐侯也。其人之，何也？于是哆然外齐侯也，不正其逾国而执也。

秋，及江人、黄人伐陈。

◎不言其人及之者何？内师也。

八月，公至自伐楚。

◎有二事偶，则以后事致。后事小，则以先事致。其以伐楚致，大伐楚也。

葬许穆公。

冬，十有二月，公孙兹帅师会齐人、宋人、卫人、郑人、许人、曹人侵陈。

五年，春，晋侯杀其世子申生。

◎目晋侯，斥杀，恶晋侯也。

杞伯姬来朝其子。

◎妇人既嫁不逾竟，逾竟，非正也。诸侯相见曰朝，伯姬为志乎朝其子也。伯姬为志乎朝其子，则是杞伯失夫之道矣。诸侯相见曰朝，以待人父之道待人之子，非正也。故曰杞伯姬来朝其子，参讥也。

夏，公孙兹如牟。

公及齐侯、宋公、陈侯、卫侯、郑伯、许男、曹伯会王世子于首戴。

◎及以会，尊之也。何尊焉？王世子云者，唯王之贰也。云可以重之存焉，尊之也。何重焉？天子世子，世天下也。

秋，八月，诸侯盟于首戴。

◎无中事而复举诸侯，何也？尊王世子而不敢与盟也。尊则其不敢与盟，何也？盟者，不相信也，故谨信也，不敢以所不信而加之尊者。桓，诸侯也，不能朝天子，是不臣也。王世子，子也，块然受诸侯之尊己，而立乎其位，是不子也。桓不臣，王世子不子，则其所善焉何也？是则变之正也。天子微，诸侯不享觐。桓控大国，扶小国，统诸侯，不能以朝天子，亦不敢致天王，尊王世子于首戴，乃所以尊天王之命也。世子含王命会齐桓，亦所以尊天王之命也。世子受之可乎？是亦变之正也。天子微，诸侯不享觐，世子受诸侯之尊己，而天王尊矣，世子受之可也。

郑伯逃归，不盟。

◎以其去诸侯，故逃之也。

楚人灭弦。弦子奔黄。

◎弦，国也。其不日，微国也。

九月戊申，朔，日有食之。

冬，晋人执虞公。

◎执不言所于地，缊于晋也。其曰公，何也？犹曰其下执之之辞也。其犹下执之之辞，何也？晋命行乎虞民矣。虞、虢之相救，非相为赐也。今日亡虢，而明日亡虞矣。

僖公卷第八 (起六年，尽十八年)

六年，春，王正月。

夏，公会齐侯、宋公、陈侯、卫侯、曹伯伐郑，围新城。

◎伐国不言围邑，此其言围，何也？病郑也，著郑伯之罪也。

秋，楚人围许，诸侯遂救许。

◎善救许也。

冬，公至自伐郑。

◎其不以救许致，何也？大伐郑也。

七年，春，齐人伐郑。

夏，小邾子来朝。

郑杀其大夫申侯。

◎称国以杀大夫，杀无罪也。

秋，七月，公会齐侯、宋公、陈世子款、郑世子华，盟于宁母。

◎衣裳之会也。

曹伯班卒。

公子友如齐。

冬，葬曹昭公。

八年，春，王正月，公会王人、齐侯、宋公、卫侯、许男、曹伯、陈世子款，盟于洮。

◎王人之先诸侯，何也？贵王命也。朝服虽敝，必加于上；弁冕虽旧，必加于首，周室虽衰，必先诸侯。兵车之会也。

郑伯乞盟。

◎以向之逃归乞之也。乞者，重辞也，重是盟也。乞者，处其所而请与也，盖汋之也。

夏，狄伐晋。

秋，七月，禘于大庙，用致夫人。

◎用者，不宜用者也。致者，不宜致者也。言夫人，必以其氏姓。言夫人而不以氏姓，非夫人也，立妾之辞也，非正也。夫人之，我可以不夫人之乎？夫人卒葬之，我可以不卒葬之乎？一则以宗庙临之，而后贬焉；一则以外之弗夫人，而见正焉。

冬，十有二月，丁未，天王崩。

九年，春，王三月，丁丑，宋公御说卒。

夏，公会宰周公、齐侯、宋子、卫侯、郑伯、许男、曹伯于葵丘。

◎天子之宰，通于四海。宋其称子，何也？未葬之辞也。礼：柩在堂上，孤无外事。今背殡而出会，以宋子为无哀矣。

秋，七月，乙酉，伯姬卒。

◎内女也，未适人，不卒，此何以卒也？许嫁，笄而字之，死则以成人之丧治之。

九月，戊辰，诸侯盟于葵丘。

◎桓盟不日，此何以日？美之也。为见天子之禁，故备之也。葵丘之会，陈牲而不杀，读书加于牲上，壹明天子之禁，曰："毋雍泉，毋讫籴，毋易树子，毋以妾为妻，毋使妇人与国事！"

甲子，晋侯诡诸卒。

冬，晋里克杀其君之子奚齐。

◎其君之子云者，国人不子也。国人不子，何也？不正其杀世子申生而立之也。

十年，春，王正月，公如齐。

狄灭温，温子奔卫。

晋里克弑其君卓，及其大夫荀息。

◎以尊及卑也，荀息闲也。

夏，齐侯、许男伐北戎。

晋杀其大夫里克。

◎称国以杀，罪累上也。里克弑二君与一大夫，其以累上之辞言之，何也？其杀之不以其罪也。其杀之不以其罪，奈何？里克所为杀者，为重耳也。夷吾曰："是又将杀我乎？"故杀之，不以其罪也。其为重耳弑奈何？晋献公伐虢，得丽姬。献公私之。有二子，长曰奚齐，稚曰卓子。丽姬欲为乱，故谓君曰："吾夜者梦夫人趋而来，曰：'吾苦畏！'胡不使大夫将卫士而卫冢乎？"公曰："孰可使？"曰："臣莫尊于世子，则世子可。"故君谓世子曰："丽姬梦夫人趋而来，曰：'吾苦畏！'女其将卫士而往卫冢乎！"世子曰："敬诺！"筑宫，宫成。丽姬又曰："吾夜者梦夫人趋而来，曰：'吾苦饥！'世子之宫已成，则何为不使祠也?”故献公谓世子曰:“其祠!”世子祠。已祠,致福于君。君田而不在。丽姬以鸩为酒,药脯以毒。献公田来,丽姬曰:“世子已祠,故致福于君。”君将食,丽姬跪曰:“食自外来者,不可不试也。”覆酒于地而地贲。以脯与犬,犬死。丽姬下堂而啼,呼曰:“天乎,天乎!国,子之国也,子何迟于为君?”君喟然叹曰:“吾与女未有过切,是何与我之深也!”使人谓世子曰:“尔其图之!”世子之傅里克谓世子曰:“入自明!入自明则可以生,不入自明则不可以生。”世子曰:“吾君已老矣,已昏矣。吾若此而入自明,则丽姬必死。丽姬死,则吾君不安。所以使吾君不安者,吾不若自死。吾宁自杀以安吾君,以重耳为寄矣!”刎脰而死。故里克所为弑者,为重耳也。夷吾曰:“是又将杀我也。”

秋,七月。

冬,大雨雪。

十有一年,春,晋杀其大夫丕郑父。

◎称国以杀,罪累上也。

夏,公及夫人姜氏会齐侯于阳穀。

秋,八月,大雩。

◎雩,月,正也。雩,得雨曰雩,不得雨曰旱。

冬,楚人伐黄。

十有二年,春,王正月,庚午,日有食之。

夏,楚人灭黄。

◎贯之盟,管仲曰:“江、黄远齐而近楚,楚,为利之国也。若伐而不能救,则无以宗诸侯矣。”桓公不听,遂与之盟。

管仲死，楚伐江灭黄，桓公不能救，故君子闵之也。

秋，七月。

冬，十有二月，丁丑，陈侯杵臼卒。

十有三年，春，狄侵卫。

夏，四月，葬陈宣公。公会齐侯、宋公、陈侯、卫侯、郑伯、许男、曹伯于咸。

◎兵车之会也。

秋，九月，大雩。

冬，公子友如齐。

十有四年，春，诸侯城缘陵。

◎其曰诸侯，散辞也。聚而曰散何也？诸侯城，有散辞也，桓德衰矣。

夏，六月，季姬及缯子遇于防，使缯子来朝。

◎遇者，同谋也。来朝者，来请己也。朝不言使，言使，非正也。以病缯子也。

秋，八月，辛卯，沙鹿崩。

◎林属于山为鹿。沙，山名也。无崩道而崩，故志之也。其日，重其变也。

狄侵郑。

冬，蔡侯肸卒。

◎诸侯时卒，恶之也。

十有五年，春，王正月，公如齐。

楚人伐徐。

三月，公会齐侯、宋公、陈侯、卫侯、郑伯、许男、曹伯，盟于牡丘。

◎兵车之会也。

遂次于匡。

◎遂，继事也。次，止也，有畏也。

公孙敖帅师及诸侯之大夫救徐。

◎善救徐也。

夏，五月，日有食之。

秋，七月，齐师、曹师伐厉。

八月，螽。

◎螽，虫灾也。甚则月，不甚则时。

九月，公至自会。

季姬归于缯。

己卯，晦，震夷伯之庙。

◎晦，冥也。震，雷也。夷伯，鲁大夫也。因此以见天子至于士皆有庙。天子七庙，诸侯五，大夫三，士二。故德厚者流光，德薄者流卑。是以贵始，德之本也。始封必为祖。

冬，宋人伐曹。

楚人败徐于娄林。

◎夷狄相败，志也。

十有一月，壬戌，晋侯及秦伯战于韩。获晋侯。

◎韩之战，晋侯失民矣，以其民未败而君获也。

十有六年，春，王正月，戊申，朔，陨石于宋，五。

◎先陨而后石，何也？陨而后石也。于宋四竟之内曰宋。后数，散辞也。耳治也。

是月，六鶂退飞，过宋都。

◎是月也，决不日而月也。六鶂退飞，过宋都，先数，聚辞也，目治也。子曰：石，无知之物；鶂，微有知之物。石无知，故日之；鶂微有知之物，故月之。君子之于物，无所苟而已。石、鶂且犹尽其辞，而况于人乎？故五石六鹢之辞不设，则王道不亢矣。民所聚曰都。

三月，壬申，公子季友卒。

◎大夫日卒，正也。称公弟叔仲，贤也。大夫不言公子、公孙，疏之也。

夏，四月，丙申，缯季姬卒。

秋，七月，甲子，公孙兹卒。

◎大夫日卒，正也。

冬，十有二月，公会齐侯、宋公、陈侯、卫侯、郑伯、许男、邢侯、曹伯于淮。

◎兵车之会也。

十有七年春，齐人、徐人伐英氏。

夏，灭项。

◎孰灭之？桓公也。何以不言桓公也？为贤者讳也。项，国也，不可灭而灭之乎？桓公知项之可灭也，而不知已之不可以灭也。既灭人之国矣，何贤乎？君子恶恶，疾其始；善善，乐其终。桓公尝有存亡继绝之功，故君子为之讳也。

秋，夫人姜氏会齐侯于卞。

九月，公至自会。

冬，十有二月，乙亥，齐侯小白卒。

◎此不正，其日之，何也？其不正，前见矣。其不正之前见，何也？以不正入虚国，故称嫌焉尔。

十有八年，春，王正月，宋公、曹伯、卫人、邾人伐齐。

◎非伐丧也。

夏，师救齐。

◎善救齐也。

五月，戊寅，宋师及齐师战于甗。齐师败绩。

◎ 战不言伐，客不言及。言及，恶宋也。

狄救齐。

◎善救齐也。

秋，八月，丁亥，葬齐桓公。

冬，邢人、狄人伐卫。

◎ 狄其称人，何也？善累而后进之。伐卫，所以救齐也，功近而德远矣。

僖公卷第九（起十九年，尽三十三年）

十有九年，春，王三月，宋人执滕子婴齐。

夏，六月，宋公、曹人、邾人盟于曹南。

缯子会盟于邾。己酉，邾人执缯子，用之。

◎微国之君，因邾以求与之盟。人因已以求与之盟，已迎而执之。恶之，故谨而日之也。用之者，叩其鼻以衈社也。

秋，宋人围曹。

卫人伐邢。

冬，会陈人、蔡人、楚人、郑人盟于齐。

梁亡。

◎自亡也，湎于酒，淫于色，心昏，耳目塞。上无正长之治，大臣背叛，民为寇盗。梁亡，自亡也。如加力役焉，湎不足道也。梁亡，郑弃其师，我无加损焉，正名而已矣。梁亡，出恶正也。郑弃其师，恶其长也。

二十年，春，新作南门。

◎作，为也。有加其度也。言新，有故也，非作也。南门者，法门也。

夏，郜子来朝。

五月，己巳，西宫灾。

◎谓之新宫，则近为祢宫。以谥言之，则如疏之然，以是为闵宫也。

郑人入滑。

秋，齐人、狄人盟于邢。

◎邢为主焉尔。邢小，其为主何也？其为主乎救齐。

冬，楚人伐随。

◎随，国也。

二十有一年，春，狄侵卫。

宋人、齐人、楚人盟于鹿上。

夏，大旱。

◎旱时，正也。

秋，宋公、楚子、陈侯、蔡侯、郑伯、许男、曹伯会于雩。执宋公以伐宋。

◎以，重辞也。

冬，公伐邾。

楚人使宜申来献捷。

◎捷，军得也。其不曰宋捷，何也？不与楚捷于宋也。

十有二月，癸丑，公会诸侯盟于薄。

◎会者，外为主焉尔。

释宋公。

◎外释不志，此其志何也？以公之与之盟目之也。不言楚，不与楚专释也。

二十有二年，春，公伐邾，取须句。

夏，宋公、卫侯、许男、滕子伐郑。

秋，八月，丁未，及邾人战于升陉。

◎内讳败，举其可道者也。不言其人，以吾败也。不言及之者，为内讳也。

冬，十有一月，己巳，朔，宋公及楚人战于泓。宋师败绩。

◎日事遇朔曰朔。《春秋》三十有四战，未有以尊败乎卑，以师败乎人者也。以尊败乎卑，以师败乎人，则骄其敌。襄公以师败乎人，而不骄其敌，何也？责之也。泓之战，以为复雩之耻也。雩之耻，宋襄公有以自取之。伐齐之丧，执滕子，围曹，为雩之会，不顾其力之不足，而致楚成王，成王怒而执之，故曰：礼人而不答，则反其敬；爱人而不亲，则反其仁；治人而不治，则反其知。过而不改，又之，是谓之过。襄公之谓也。古者被甲婴胄，非以兴国也，则以征无道也，岂曰以报其耻哉！宋公与楚人战于泓水之上，司马子反曰："楚众我少，鼓险而击之，胜无幸焉。"襄公曰："君子不推人危，不攻人厄。须其出。"既出，旌乱于上，陈乱于下。子反曰："楚众我少，击之，胜无幸焉。"襄公曰："不鼓不成列。"须其成列而后击之，则众败而身伤焉；七月而死。倍则攻，敌则战，少则守。人之所以为人者，言也。人而不能言，何以为人？言之所以为言者，信也。言而不信，何以为言？信之所以为信者，道也。信而不道，何以为道？道之贵者时，其行势也。

二十有三年，春，齐侯伐宋，围闵。

◎伐国不言围邑，此其言围，何也？不正其以恶报恶也。

夏，五月庚寅，宋公兹父卒。

◎兹父之不葬，何也？失民也。其失民何也？以其不教民战，则是弃其师也。为人君而弃其师，其民孰以为君哉！

秋，楚人伐陈。

冬，十有一月，杞子卒。

二十有四年，春，王正月。

夏，狄伐郑。

秋，七月。

冬，天王出居于郑。

◎天子无出。出，失天下也。居者，居其所也。虽失天下，莫敢有也。

晋侯夷吾卒。

二十有五年，春，王正月，丙午，卫侯燬灭邢。

◎燬之名，何也？不正其伐本而灭同姓也。

夏，四月，癸酉，卫侯燬卒。

宋荡伯姬来逆妇。

◎妇人既嫁不逾竟。宋荡伯姬来逆妇，非正也。其曰妇，何也？缘姑言之之辞也。

宋杀其大夫。

◎其不称名姓，以其在祖之位，尊之也。

秋，楚人围陈，纳顿子于顿。

◎纳者，内弗受也。围，一事也。纳，一事也。而遂言之，盖纳顿子者陈也。

葬卫文公。

冬，十有二月，癸亥，公会卫子、莒庆，盟于洮。

◎莒无大夫，其曰莒庆，何也？以公之会目之也。

二十有六年，春，王正月，己未，公会莒子、卫宁速，盟于向。

◎公不会大夫，其曰宁速，何也？以其随莒子，可以言会也。

齐人侵我西鄙。公追齐师至嶲，弗及。

◎人，微者也。侵，浅事也。公之追之，非正也。至嶲，急辞也。弗及者，弗与也，可以及而不敢及也。其侵也曰人，其追也曰师，以公之弗及，大之也。弗及，内辞也。

夏，齐人伐我北鄙。

卫人伐齐。

公子遂如楚乞师。

◎乞，重辞也。何重焉？重人之死也，非所乞也。师出不必反，战不必胜，故重之也。

秋，楚人灭夔，以夔子归。

◎夔，国也。不日，微国也。以归，犹愈乎执也。

冬，楚人伐宋，围闵。

◎伐国不言围邑，此其言围，何也？以吾用其师，目其事也，非道用师也。

公以楚师伐齐，取穀。

◎以者，不以者也。民者，君之本也。使民以其死，非其正也。

公至自伐齐。

◎恶事不致，此其致之何也？危之也。

二十有七年，春，杞子来朝。

夏，六月，庚寅，齐侯昭卒。

秋，八月，乙未，葬齐孝公。

乙巳，公子遂帅师入杞。

冬，楚人、陈侯、蔡侯、郑伯、许男围宋。

◎楚人者，楚子也。其曰人，何也？人楚子，所以人诸侯也。其人诸侯，何也？不正其信夷狄而伐中国也。

十有二月，甲戌，公会诸侯盟于宋。

二十有八年，春，晋侯侵曹。晋侯伐卫。

◎ 再称晋侯，忌也。

公子买戍卫。不卒戍，刺之。

◎先名后刺，杀有罪也。公子启曰：“不卒戍者，可以卒也。可以卒而不卒，讥在公子也，刺之可也。”

楚人救卫。

三月，丙午，晋侯入曹，执曹伯，畀宋人。

◎入者，内弗受也。日入，恶入者也。以晋侯而斥执曹伯，恶晋侯也。畀，与也。其曰人，何也？不以晋侯畀宋公也。

夏，四月，己巳，晋侯、齐师、宋师、秦师及楚人战于城濮。楚师败绩。

楚杀其大夫得臣。

卫侯出奔楚。

五月，癸丑，公会晋侯、齐侯、宋公、蔡侯、郑伯、卫子、莒子，盟于践土。

◎讳会天王也。

陈侯如会。

◎如会，外乎会也，于会受命也。

公朝于王所。

◎朝不言所，言所者，非其所也。

六月，卫侯郑自楚复归于卫。

◎自楚，楚有奉焉尔。复者，复中国也。归者，归其所也。郑之名，失国也。

卫元咺出奔晋。

陈侯款卒。

秋，杞伯姬来。

公子遂如齐。

冬，公会晋侯、宋公、蔡侯、郑伯、陈子、莒子、邾子、秦人于温。

◎讳会天王也。

天王守于河阳。

◎全天王之行也，为若将守而遇诸侯之朝也。为天王讳也。水北为阳，山南为阳。温，河阳也。

壬申，公朝于王所。

◎朝于庙，礼也。于外，非礼也。独公朝与？诸侯尽朝也。其日，以其再致天子，故谨而日之。主善以内，目恶以外。言曰公朝，逆辞也，而尊天子。会于温，言小诸侯。温，河北地，以河阳言之，大天子也。日系于月，月系于时。壬申，公朝于王所，其不月，失其所系也。以为晋文公之行事为已傎矣。

晋人执卫侯，归之于京师。

◎此入而执，其不言入，何也？不外王命于卫也。归之于京师，缓辞也，断在京师也。

卫元咺自晋复归于卫。

◎自晋，晋有奉焉尔。复者，复中国也。归者，归其所也。

诸侯遂围许。

◎遂，继事也。

曹伯襄复归于曹。

◎复者，复中国也。天子免之，因与之会。其曰复，通王命也。

遂会诸侯围许。

◎遂，继事也。

二十有九年，春，介葛卢来。

◎介，国也。葛卢，微国之君未爵者也。其曰来，卑也。

公至自围许。

夏，六月，公会王人、晋人、宋人、齐人、陈人、蔡人、秦人，盟于翟泉。

秋，大雨雹。

冬，介葛卢来。

三十年，春，王正月。

夏，狄侵齐。

秋，卫杀其大夫元咺。

◎称国以杀，罪累上也，以是为讼君也。卫侯在外，其以累上之辞言之，何也？待其杀而后入也。

及公子瑕。

◎公子瑕，累也，以尊及卑也。

卫侯郑归于卫。

晋人、秦人围郑。

介人侵萧。

冬，天王使宰周公来聘。

◎天子之宰，通于四海。

公子遂如京师，遂如晋。

◎以尊遂乎卑，此言不敢叛京师也。

三十有一年，春，取济西田。

公子遂如晋。

夏，四月，四卜郊，不从，乃免牲，犹三望。

◎夏四月，不时也。四卜，非礼也。免牲者，为之缁衣熏裳，有司玄端，奉送至于南郊。免牛亦然。乃者，亡乎人之辞也。犹者，可以已之辞也。

秋，七月。

冬，杞伯姬来求妇。

◎妇人既嫁不逾竟，杞伯姬来求妇，非正也。

狄围卫。

十有二月，卫迁于帝丘。

三十有二年，春，王正月。

夏，四月，己丑，郑伯捷卒。

卫人侵狄。

秋，卫人及狄盟。

冬，十有二月，己卯，晋侯重耳卒。

三十有三年，春，王二月，秦人入滑。

◎滑，国也。

齐侯使国归父来聘。

夏，四月，辛巳，晋人及姜戎败秦师于殽。

◎不言战而言败，何也？狄秦也。其狄之何也？秦越千里之险，入虚国，进不能守，退败其师徒，乱人子女之教，无男女之别。秦之为狄，自殽之战始也。秦伯将袭郑，百里子与蹇叔子谏曰：“千里而袭人，未有不亡者也。”秦伯曰：“子之冢木已拱矣，何知！”师行，百里子与蹇叔子送其子而戒之。曰：“女死，必于殽之岩唫之下。我将尸女于是！”师行，百里子与蹇叔子随其子而哭之。秦伯怒曰：“何为哭吾师也？”二子曰：“非敢哭师也，哭吾子也。我老矣，彼不死，则我死矣！”晋人与姜戎要而击之殽，匹马倚轮无反者。晋人者，晋子也。其曰人，何也？微之也。何为微之？不正其释殡而主乎战也。

癸巳，葬晋文公。

◎日葬，危不得葬也。

狄侵齐。

公伐邾，取訾楼。

秋，公子遂帅师伐邾。

晋人败狄于箕。

冬，十月，公如齐。

十有二月，公至自齐。

乙巳，公薨于小寝。

◎小寝，非正也。

陨霜不杀草。

◎未可杀而杀，举重也。可杀而不杀，举轻也。

李、梅实。

◎实之为言，犹实也。

晋人、陈人、郑人伐许。

文公卷第十（起元年，尽八年）

元年，春，王正月，公即位。

◎继正即位，正也。

二月癸亥，日有食之。

天王使叔服来会葬。

◎葬曰会，其志，重天子之礼也。

夏，四月，丁巳，葬我君僖公。

◎薨称公，举上也。葬我君，接上下也。僖公葬而后举谥，谥所以成德也，于卒事乎加之矣。

天王使毛伯来锡公命。

◎礼有受命，无来锡命，锡命，非正也。

晋侯伐卫。

叔孙得臣如京师。

卫人伐晋。

秋，公孙敖会晋侯于戚。

冬，十月，丁未，楚世子商臣弑其君髡。

◎日髡之卒，所以谨商臣之弑也。夷狄不言正不正。

公孙敖如齐。

二年，春，王二月，甲子，晋侯及秦师战于彭衙。秦师败绩。

丁丑，作僖公主。

◎作，为也，为僖公主也。立主，丧主于虞，吉主于练。作僖公主，讥其后也。作主、坏庙有时日，于练焉坏庙。坏庙之道，易檐可也，改涂可也。

三月，乙巳，及晋处父盟。

◎不言公，处父伉也，为公讳也。何以知其与公盟？以其日也。何以不言公之如晋？所耻也。出不书，反不致也。

夏，六月，公孙敖会宋公、陈侯、郑伯、晋士縠，盟于垂敛。

◎内大夫可以会外诸侯。

自十有二月不雨，至于秋七月。

◎历时而言不雨，文不忧雨也。不忧雨者，无志乎民也。

八月，丁卯，大事于大庙，跻僖公。

◎大事者何？大是事也，著祫、尝。祫祭者，毁庙之主，陈于大祖；未毁庙之主，皆升，合祭于大祖。跻，升也，先亲而后祖也，逆祀也。逆祀，则是无昭穆也。无昭穆，则是无祖也。无祖，则无天也。故曰：文无天。无天者，是无天而行也。君子不以亲亲害尊尊，此《春秋》之义也。

冬，晋人、宋人、陈人、郑人伐秦。

公子遂如齐纳币。

三年，春，王正月，叔孙得臣会晋人、宋人、陈人、卫人、郑人伐沈。沈溃。

夏，五月，王子虎卒。

◎叔服也，此不卒者也，何以卒之？以其来会葬，我卒之也。或曰：以其尝执重以守也。

秦人伐晋。

秋，楚人围江。

雨螽于宋。

◎外灾不志，此何以志也？曰：灾甚也。其甚奈何？茅茨尽矣。著于上见于下，谓之雨。

冬，公如晋。

十有二月，己巳，公及晋侯盟。

晋阳处父帅师伐楚，救江。

◎此伐楚，其言救江，何也？江远楚近，伐楚所以救江也。

四年春，公至自晋。

夏，逆妇姜于齐。

◎其曰妇姜，为其礼成乎齐也。其逆者谁也？亲逆而称妇，或者公与？何其速妇之也！曰：公也。其不言公，何也？非成礼于齐也。曰妇，有姑之辞也。其不言氏何也？贬之也。何为贬之也？夫人与有贬也。

狄侵齐。

秋，楚人灭江。

晋侯伐秦。卫侯使宁俞来聘。

冬，十有一月，壬寅，夫人风氏薨。

五年，春，王正月，王使荣叔归含且赗。

◎含，一事也。赗，一事也。兼归之，非正也。其曰且，志兼也。其不言来，不周事之用也。赗以早，而含已晚。

三月，辛亥，葬我小君成风。

王使毛伯来会葬。

◎会葬之礼于鄗上。

夏，公孙敖如晋。

秦人入鄀。

秋，楚人灭六。

冬，十月，甲申，许男业卒。

六年，春，葬许僖公。

夏，季孙行父如陈。

秋，季孙行父如晋。

八月，乙亥，晋侯驩卒。

冬，十月，公子遂如晋。

葬晋襄公。

晋杀其大夫阳处父。

◎称国以杀，罪累上也。襄公已葬，其以累上之辞言之，何也？君漏言也，上泄则下闇，下闇则上聋，且闇且聋，无以相通。夜姑杀者也。夜姑之杀奈何？曰：晋将与狄战，使狐夜姑为将军，赵盾佐之。阳处父曰："不可！古者君之使臣也，使仁者佐贤者，不使贤者佐仁者。今赵盾贤，夜姑仁，其不可乎！"襄公曰："诺！"谓夜姑曰："吾始使盾佐女，今女佐盾矣。"夜姑曰："敬诺！"襄公死，处父主竟上事，夜姑使人杀之，君漏言也。故士造辟而言，诡辞而出，曰："用我则可，不用我则无乱其德。"

晋狐夜姑出奔狄。

闰月不告月，犹朝于庙。

◎不告月者何也？不告朔也。不告朔，则何为不言朔也？闰月者，附月之余日也，积分而成于月者也。天子不以告朔，而丧事不数也。犹之为言，可以已也。

七年，春，公伐邾。

三月，甲戌，取须句。

◎取邑不日，此其日何也？不正其再取，故谨而日之也。

遂城郚。

◎遂，继事也。

夏，四月，宋公壬臣卒。宋人杀其大夫。

◎称人以杀，诛有罪也。

戊子，晋人及秦人战于令狐。

晋先蔑奔秦。

◎不言出，在外也。辍战而奔秦，以是为逃军也。

狄侵我西鄙。

秋，八月，公会诸侯、晋大夫，盟于扈。

◎其曰诸侯，略之也。

冬，徐伐莒。

公孙敖如莒莅盟。

◎莅，位也。其曰位何也？前定也。其不日，前定之盟不日也。

八年，春，王正月。

夏，四月。

秋，八月戊申，天王崩。

冬，十月，壬午，公子遂会晋赵盾，盟于衡雍。

乙酉，公子遂会雒戎，盟于暴。

公孙敖如京师，不至而复。丙戌，奔莒。

◎不言所至，未如也。未如则未复也。未如而曰如，不废君命也。未复而曰复，不专君命也。其如，非如也。其复，非复也。唯奔莒之为信，故谨而日之也。

螽。

宋人杀其大夫司马。

◎司马，官也。其以官称，无君之辞也。

宋司城来奔。

◎司城，官也。其以官称，无君之辞也。来奔者不言出，举其接我也。

文公卷第十一（起九年，尽十八年）

九年，春，毛伯来求金。

◎求车犹可，求金甚矣。

夫人姜氏如齐。

二月，叔孙得臣如京师。

◎京，大也。师，众也。言周，必以众与大言之也。

辛丑，葬襄王。

◎天子志崩不志葬。举天下而葬一人，其道不疑也。志葬，危不得葬也。日之，甚矣，其不葬之辞也。

晋人杀其大夫先都。

三月，夫人姜氏至自齐。

◎卑以尊致，病文公也。

晋人杀其大夫士縠，及箕郑父。

◎称人以杀，诛有罪也。郑父，累也。

楚人伐郑。

公子遂会晋人、宋人、卫人、许人，救郑。

夏，狄侵齐。

秋，八月，曹伯襄卒。

九月癸酉，地震。

◎震，动也。地不震者也。震，故谨而日之也。

冬，楚子使萩来聘。

◎楚无大夫，其曰萩何也？以其来，我褒之也。

秦人来归僖公、成风之襚。

◎秦人弗夫人也，即外之弗夫人而见正焉。

葬曹共公。

十年春，王三月，辛卯，臧孙辰卒。

夏，秦伐晋。

楚杀其大夫宜申。

自正月不雨，至于秋七月。

◎历时而言不雨，文不闵雨也。不闵雨者，无志乎民也。

及苏子盟于女栗。

冬，狄侵宋。

楚子、蔡侯次于厥貉。

十有一年，春，楚子伐麇。

夏，叔彭生会晋郤缺于承匡。

秋，曹伯来朝。

公子遂如宋。

狄侵齐。

冬，十月甲午，叔孙得臣败狄于咸。

◎不言帅师而言败，何也？直败一人之辞也。一人而曰败，何也？以众焉言之也。传曰：长狄也，弟兄三人，佚害中国，瓦石不能害。叔孙得臣，最善射者也，射其目，身横九亩，断其首而载之，眉见于轼。然则何为不言获也？曰，古者不重创，不禽二毛，故不言获，为内讳也。其之齐者，王子成父杀之。则未知其之晋者也。

十有二年，春，王正月，郕伯来奔。

杞伯来朝。

二月，庚子，子叔姬卒。

◎其曰子叔姬，贵也，公之母姊妹也。其一传曰：许嫁以卒之也。男子二十而冠，冠而列丈夫，三十而娶。女子十五而许嫁，二十而嫁。

夏，楚人围巢。

秋，滕子来朝。

秦伯使术来聘。

冬，十有二月，戊午，晋人、秦人战于河曲。

◎不言及，秦、晋之战已亟，故略之也。

季孙行父帅师，城诸及郓。

◎称帅师，言有难也。

十有三年，春，王正月。

夏，五月，壬午，陈侯朔卒。

邾子籧篨卒。

自正月不雨，至于秋七月。

大室屋坏。

◎大室屋坏者，有坏道也，讥不修也。大室，犹世室也。周公曰大庙，伯禽曰大室，群公曰宫。礼：宗庙之事，君亲割，夫人亲舂，敬之至也。为社稷之主，而先君之庙坏，极称之，志不敬也。

冬，公如晋。

卫侯会公于沓。

狄侵卫。

十有二月，己丑，公及晋侯盟。还自晋。

◎还者，事未毕也。自晋，事毕也。

郑伯会公于棐。

十有四年，春，王正月，公至自晋。

邾人伐我南鄙。

叔彭生帅师伐邾。

夏，五月，乙亥，齐侯潘卒。

六月，公会宋公、陈侯、卫侯、郑伯、许伯、曹伯、晋赵盾。癸酉，同盟于新城。

◎同者，有同也，同外楚也。

秋，七月，有星孛入于北斗。

◎孛之为言，犹茀也。其曰入北斗，斗有环域也。

公至自会。

晋人纳捷菑于邾。弗克纳。

◎是郤克也。其曰人，何也？微之也。何为微之也？长毂五百乘，绵地千里，过宋、郑、滕、薛，敻入千乘之国，欲变人之主，至城下，然后知，何知之晚也！弗克纳，未伐而曰弗克，何也？弗克其义也。捷菑，晋出也。貜且，齐出也。貜且，正也。捷菑，不正也。

九月，甲申，公孙敖卒于齐。

◎奔大夫不言卒，而言卒，何也？为受其丧，不可不卒也。

其地，于外也。

齐公子商人弑其君舍。

◎舍未逾年，其曰君何也？成舍之为君，所以重商人之弑也。商人其不以国氏何也？不以嫌代嫌也。舍之不日，何也？未成为君也。

宋子哀来奔。

◎其曰子哀，失之也。

冬，单伯如齐。

齐人执单伯。

◎私罪也。单伯淫于齐，齐人执之。

齐人执子叔姬。

◎叔姬同罪也。

十有五年，春，季孙行父如晋。

三月，宋司马华孙来盟。

◎司马，官也，其以官称，无君之辞也。来盟者何？前定也。不言及者，以国与之也。

夏，曹伯来朝。

齐人归公孙敖之丧。

六月，辛丑，朔，日有食之。鼓，用牲于社。

单伯至自齐。

◎大夫执则致，致则名，此其不名，何也？天子之命大夫也。

晋郤缺帅师伐蔡。戊申，入蔡。

秋，齐人侵我西鄙。

◎其曰鄙，远之也，其远之何也？不以难介我国也。

季孙行父如晋。

冬，十有一月，诸侯盟于扈。

十有二月，齐人来归子叔姬。

◎其曰子叔姬，贵之也。其言来归，何也？父母之于子，虽有罪，犹欲其免也。

齐侯侵我西鄙，遂伐曹，入其郛。

十有六年春，季孙行父会齐侯于阳谷。齐侯弗及盟。

◎弗及者，内辞也。行父失命矣，齐得内辞也。

夏，五月，公四不视朔。

◎天子告朔于诸侯，诸侯受乎祢庙，礼也。公四不视朔，公不臣也，以公为厌政以甚矣。

六月，戊辰，公子遂及齐侯盟于师丘。

◎复行父之盟也。

秋，八月，辛未，夫人姜氏薨。

毁泉台。

◎丧不贰事，贰事，缓丧也。以文为多失道矣。自古为之，今毁之，不如勿处而已矣。

楚人、秦人、巴人灭庸。

冬，十有一月，宋人弑其君杵臼。

十有七年春，晋人、卫人、陈人、郑人伐宋。

夏，四月，癸亥，葬我小君声姜。

齐侯伐我西鄙。

六月，癸未，公及齐侯盟于谷。

诸侯会于扈。

秋，公至自谷。

冬，公子遂如齐。

十有八年，春，王二月，丁丑，公薨于台下。

◎台下，非正也。

秦伯罃卒。

夏，五月，戊戌，齐人弑其君商人。

六月，癸酉，葬我君文公。

秋，公子遂、叔孙得臣如齐。

◎使举上客，而不称介，不正其同伦而相介，故列而数之也。

冬，十月，子卒。

◎子卒不日，故也。

夫人姜氏归于齐。

◎恶宣公也，有不待贬绝而罪恶见者，有待贬绝而恶从之者。侄娣者，不孤子之意也，一人有子，三人缓带。一曰就贤也。

季孙行父如齐。

莒弑其君庶其。

宣公卷第十二（起元年，尽十八年）

元年，春，王正月，公即位。

◎继故而言即位，与闻乎故也。

公子遂如齐逆女。

三月，遂以夫人妇姜至自齐。

◎其不言氏，丧未毕，故略之也。其曰妇，缘姑言之之辞也。遂之挈，由上致之也。

夏，季孙行父如齐。

晋放其大夫胥甲父于卫。

◎放犹屏也。称国以放，放无罪也。

公会齐侯于平州。

公子遂如齐。

六月，齐人取济西田。

◎内不言取，言取，授之也，以是为赂齐也。

秋，邾子来朝。

楚子、郑人侵陈，遂侵宋。

◎遂，继事也。

晋赵盾帅师救陈。

◎ 善救陈也。

宋公、陈侯、卫侯、曹伯会晋师于棐林，伐郑。

◎列数诸侯而会晋赵盾，大赵盾之事也。其曰师，何也？以其大之也。于棐林，地而从伐郑，疑辞也。此其地何？则著其美也。

冬，晋赵穿帅师侵崇。

晋人、宋人伐郑。

◎伐郑，所以救宋也。

二年，春，王二月，壬子，宋华元帅师及郑公子归生帅师战于大棘。宋师败绩。获宋华元。

◎获者，不与之辞也。言尽其众以救其将也。以三军敌华元，华元虽获，不病矣。

秦师伐晋。

夏，晋人、宋人、卫人、陈人侵郑。

秋，九月，乙丑，晋赵盾弑其君夷皋。

◎穿弑也，盾不弑，而曰盾弑，何也？以罪盾也。其以罪盾何也？曰：灵公朝诸大夫，而暴弹之，观其辟丸也。赵盾入谏，不听，出亡，至于郊。赵穿弑公，而后反赵盾，史狐书贼，曰："赵盾弑公。"盾曰："天乎天乎！予无罪。孰为盾而忍弑其君者乎?"史狐曰："子为正卿，入谏不听，出亡不远。君弑，反不讨贼，则志同，志同则书重，非子而谁?"故书之曰"晋赵盾弑其君夷皋"者，过在下也。曰：于盾也，见忠臣之至；于许世子止，见孝子之至。

冬，十月，乙亥，天王崩。

三年，春，王正月，郊牛之口伤。

◎之口，缓辞也。伤自牛作也。

改卜牛。牛死，乃不郊。

◎ 事之变也。乃者，亡乎人之辞也。

犹三望。

葬匡王。

楚子伐陆浑戎。

夏，楚人侵郑。

秋，赤狄侵齐。

宋师围曹。

冬，十月，丙戌，郑伯兰卒。

葬郑穆公。

四年，春，王正月，公及齐侯平莒及郯。莒人不肯。

◎及者，内为志焉尔。平者，成也。不肯者，可以肯也。

公伐莒，取向。

◎伐犹可，取向，甚矣。莒人辞，不受治也。伐莒，义兵也。取向，非也，乘义而为利也。

秦伯稻卒。

夏，六月，乙酉，郑公子归生弑其君夷。

赤狄侵齐。

秋，公如齐。

公至自齐。

冬，楚子伐郑。

五年，春，公如齐。

夏，公至自齐。

秋，九月，齐高固来逆子叔姬。

◎诸侯之嫁于大夫，主大夫以与之。来者，接内也。不正其接内，故不与夫妇之称也。

叔孙得臣卒。

冬，齐高固及子叔姬来。

◎及者，及吾子叔姬也。为使来者，不使得归之意也。

楚人伐郑。

六年，春，晋赵盾、卫孙免侵陈。

◎此帅师也，其不言帅师，何也？不正其败前事，故不与帅师也。

夏，四月。

秋，八月，螽。

冬，十月。

七年，春，卫侯使孙良夫来盟。

◎来盟，前定也。不言及者，以国与之。不言其人，亦以国与之。不日，前定之盟不日。

夏，公会齐侯伐莱。

秋，公至自伐莱。大旱。

冬，公会晋侯、宋公、卫侯、郑伯、曹伯于黑壤。

八年春，公至自会。

夏，六月，公子遂如齐，至黄乃复。

◎乃者，亡乎人之辞也。复者，事毕也，不专公命也。

辛巳，有事于大庙。仲遂卒于垂。

◎为若反命而后卒也。此公子也，其曰仲，何也？疏之也。何为疏之也？是不卒者也，不疏，则无用见其不卒也。则其卒之何也？以讥乎宣也。其讥乎宣何也？闻大夫之丧，则去乐，卒事。

壬午，犹绎。

◎犹者，可以已之辞也。绎者，祭之旦日之享宾也。万入，去籥。以其为之变，讥之也。

戊子，夫人熊氏薨。

晋师、白狄伐秦。

楚人灭舒鄝。

秋，七月，甲子，日有食之，既。

冬，十月，己丑，葬我小君顷熊。雨，不克葬。

◎葬既有日，不为雨止，礼也。雨，不克葬，丧不以制也。

庚寅，日中而克葬。

◎而，缓辞也，足乎日之辞也。

城平阳。

楚师伐陈。

九年，春，王正月，公如齐。

公至自齐。

夏，仲孙蔑如京师。

齐侯伐莱。

秋，取根牟。

八月，滕子卒。

九月，晋侯、宋公、卫侯、郑伯、曹伯会于扈。

晋荀林父帅师伐陈。

辛酉，晋侯黑臀卒于扈。

◎其地，于外也。其日，未逾竟也。

冬，十月，癸酉，卫侯郑卒。

宋人围滕。

楚子伐郑。

晋郤缺帅师救郑。

陈杀其大夫泄冶。

◎称国以杀其大夫，杀无罪也。泄冶之无罪如何？陈灵公通于夏征舒之家，公孙宁、仪行父亦通其家。或衣其衣，或衷其襦，以相戏于朝。泄冶闻之，入谏，曰："使国人闻之则犹可，使仁人闻之则不可。"君愧于泄冶，不能用其言而杀之。

十年，春，公如齐。

公至自齐。

齐人归我济西田。

◎公娶齐，齐由以为兄弟，反之。不言来，公如齐受之也。

夏，四月，丙辰，日有食之。

己巳，齐侯元卒。

齐崔氏出奔卫。

◎ 氏者，举族而出之之辞也。

公如齐。

五月，公至自齐。

癸巳，陈夏征舒弑其君平国。

六月，宋师伐滕。

公孙归父如齐。

葬齐惠公。

晋人、宋人、卫人、曹人伐郑。

秋，天王使王季子来聘。

◎其曰王季，王子也。其曰子，尊之也。聘，问也。

公孙归父帅师伐邾，取绎。

大水。

季孙行父如齐。

冬，公孙归父如齐。

齐侯使国佐来聘。

饥。

楚子伐郑。

十有一年，春，王正月。

夏，楚子、陈侯、郑伯盟于夷陵。

公孙归父会齐人伐莒。

秋，晋侯会狄于欑函。

◎不言及，外狄。

冬，十月，楚人杀陈夏征舒。

◎此入而杀也，其不言入，何也？外征舒于陈也。其外征舒于陈，何也？明楚之讨有罪也。

丁亥，楚子入陈。

◎入者，内弗受也。日入，恶入者也。何用弗受也？不使夷狄为中国也。

纳公孙宁、仪行父于陈。

◎纳者，内弗受也。辅人之不能民，而讨，犹可；入人之国，制人之上下，使不得其君臣之道，不可。

十有二年，春，葬陈灵公。

楚子围郑。

夏，六月，乙卯，晋荀林父帅师，及楚子战于邲。晋师败绩。

◎绩，功也。功，事也。日，其事败也。

秋，七月。

冬，十有二月，戊寅，楚子灭萧。

晋人、宋人、卫人、曹人同盟于清丘。

宋师伐陈。

卫人救陈。

十有三年，春，齐师伐莒。

夏，楚子伐宋。

秋，螽。

冬，晋杀其大夫先縠。

十有四年，春，卫杀其大夫孔达。

夏，五月，壬申，曹伯寿卒。

晋侯伐郑。

秋，九月，楚子围宋。

葬曹文公。

冬，公孙归父会齐侯于穀。

十有五年，春，公孙归父会楚子于宋。

夏，五月，宋人及楚人平。

◎平者，成也，善其量力而反义也。人者，众辞也。平称众，上下欲之也。外平不道，以吾人之存焉道之也。

六月，癸卯，晋师灭赤狄潞氏，以潞子婴儿归。

◎灭国有三术：中国谨日，卑国月，夷狄不日。其曰潞子婴儿，贤也。

秦人伐晋。

王札子杀召伯、毛伯。

◎王札子者，当上之辞也。杀召伯、毛伯，不言其何也？两下相杀也。两下相杀，不志乎《春秋》，此其志，何也？矫王命以杀之，非忿怒相杀也，故曰以王命杀也。以王命杀，则何志焉？为天下主者，天也，继天者，君也，君之所存者，命也；为人臣而侵其君之命而用之，是不臣也；为人君而失其命，是不君也。君不君，臣不臣，此天下所以倾也。

秋，螽。

仲孙蔑会齐高固于无娄。

初税亩。

◎初者，始也。古者什一，藉而不税。初税亩，非正也。古者三百步为里，名曰井田。井田者，九百亩，公田居一。私田稼不善，则非吏；公田稼不善，则非民。初税亩者，非公之去公田而履亩，十取一也，以公之与民为已悉矣。古者公田为居，井灶葱韭尽取焉。

冬，蝝生。

◎蝝非灾也。其曰蝝，非税亩之灾也。

饥。

十有六年，春，王正月，晋人灭赤狄甲氏及留吁。

夏，成周宣榭灾。

◎周灾，不志也，其曰宣榭，何也？以乐器之所藏目之也。

秋，郯伯姬来归。

冬，大有年。

◎五谷大熟为大有年。

十有七年春，王正月，庚子，许男锡我卒。

丁未，蔡侯申卒。

夏，葬许昭公。

葬蔡文公。

六月，癸卯，日有食之。

己未，公会晋侯、卫侯、曹伯、邾子，同盟于断道。

◎同者，有同也，同外楚也。

秋，公至自会。

冬，十有一月，壬午，公弟叔肸卒。

◎其曰公弟叔肸，贤之也。其贤之，何也？宣弑而非之也。非之，则胡为不去也？曰：兄弟也，何去而之？与之财，则曰："我足矣。"织屦而食，终身不食宣公之食。君子以是为通恩也，以取贵乎《春秋》。

十有八年春，晋侯、卫世子臧伐齐。

公伐杞。

夏，四月。

秋，七月，邾人戕缯子于缯。

◎ 戕犹残也，捝杀也。

甲戌，楚子吕卒。

◎夷狄不卒，卒，少进也。卒而不日，日，少进也。日而不言正不正，简之也。

公孙归父如晋。

冬，十月，壬戌，公薨于路寝。

◎正寝也。

归父还自晋。

◎还者，事未毕也。自晋，事毕也。与人之子，守其父之殡，捐殡而奔其父之使者，是以亦奔父也。

至柽，遂奔齐。

◎遂，继事也。

成公卷第十三（起元年，尽八年）

元年，春，王正月，公即位。

二月，辛酉，葬我君宣公。

无冰。

◎终时无冰则志，此未终时而言无冰，何也？终无冰矣，加之寒之辞也。

三月，作丘甲。

◎作，为也。丘为甲也。丘甲，国之事也。丘作甲，非正也。丘作甲之为非正，何也？古者立国家，百官具，农工皆有职以事上。古者有四民，有士民，有商民，有农民，有工民。夫甲，非人人之所能为也。丘作甲，非正也。

夏，臧孙许及晋侯盟于赤棘。

秋，王师败绩于贸戎。

◎不言战，莫之敢敌也。为尊者讳敌不讳败，为亲者讳败不讳敌，尊尊亲亲之义也。然则孰败之？晋也。

冬，十月。

◎季孙行父秃，晋郤克眇，卫孙良夫跛，曹公子手偻，同时而聘于齐。齐使秃者御秃者，使眇者御眇者，使跛者御跛者，使偻者御偻者。萧同侄子处台上而笑之。闻于客，客不说而去，相与立胥闾而语，移日不解。齐人有知之者，曰："齐之患，必自此始矣！"

二年，春，齐侯伐我北鄙。

夏，四月，丙戌，卫孙良夫帅师及齐师战于新筑，卫师败绩。

六月，癸酉，季孙行父、臧孙许、叔孙侨如、公孙婴齐帅师，会晋郤克、卫孙良夫、曹公子手，及齐侯战于鞌。齐师败绩。

◎其日，或曰日其战也，或曰日其悉也。曹无大夫，其曰公子，何也？以吾之四大夫在焉，举其贵者也。

秋，七月，齐侯使国佐如师。己酉，及国佐盟于爰娄。

◎鞌去国五百里，爰娄去国五十里。壹战绵地五百里，焚雍门之茨，侵车东至海。君子闻之，曰："夫甚，甚之辞焉。齐有以取之也。"齐之有以取之，何也？败卫师于新筑，侵我北鄙，敖郤献子，齐有以取之也。爰娄在师之外。郤克曰："反鲁、卫之侵地，以纪侯之甗来，以萧同侄子之母为质，使耕者皆东其亩，然后与子盟。"国佐曰："反鲁、卫之侵地，以纪侯之甗来，则诺。以萧同侄子之母为质，则是齐侯之母也，齐侯之母犹晋君之母也。晋君之母犹齐侯之母也。使耕者尽东其亩，则是终土齐也。不可！请壹战。壹战不克，请再。再不克，请三。三不克，请四。四不克，请五。五不克，举国而授！"于是而与之盟。

八月，壬午，宋公鲍卒。

庚寅，卫侯速卒。

取汶阳田。

冬，楚师、郑师侵卫。

十有一月，公会楚公子婴齐于蜀。

◎楚无大夫，其曰公子何也？婴齐亢也。

丙申，公及楚人、秦人、宋人、陈人、卫人、郑人、齐人、曹人、邾人、薛人、缯人盟于蜀。

◎楚其称人，何也？于是而后公得其所也。会与盟同月，则地会不地盟；不同月，则地会地盟。此其地会地盟何也？以公得其所，申其事也。今之屈，向之骄也。

三年，春，王正月，公会晋侯、宋公、卫侯、曹伯伐郑。

辛亥，葬卫穆公。

二月，公至自伐郑。

甲子，新宫灾，三日哭。

◎新宫者，祢宫也。三日哭，哀也。其哀，礼也。迫近不敢称谥，恭也。其辞恭且哀，以成公为无讥矣。

乙亥，葬宋文公。

夏，公如晋。

郑公子去疾帅师伐许。

公至自晋。

秋，叔孙侨如帅师围棘。

大雩。

晋郤克、卫孙良夫伐墙咎如。

冬，十有一月，晋侯使荀庚来聘。卫侯使孙良夫来聘。

丙午，及荀庚盟。丁未，及孙良夫盟。

◎其日，公也。来聘而求盟，不言及者，以国与之也。不言其人，亦以国与之也。不言求，两欲之也。

郑伐许。

四年，春，宋公使华元来聘。

三月，壬申，郑伯坚卒。

杞伯来朝。

夏，四月，甲寅，臧孙许卒。

公如晋。

葬郑襄公。

秋，公至自晋。

冬，城郓。

郑伯伐许。

五年，春，王正月，杞叔姬来归。

◎ 妇人之义，嫁曰归，反曰来归。

仲孙蔑如宋。

夏，叔孙侨如会晋荀首于谷。

梁山崩。

◎不日，何也？高者有崩道也。有崩道，则何以书也？曰：梁山崩，壅遏河三日不流。晋君召伯尊而问焉。伯尊来，遇辇者，辇者不辟。使车右下而鞭之。辇者曰：“所以鞭我者，其取道远矣。”伯尊下车而问焉，曰：“子有闻乎？”对曰：“梁山崩，壅遏河三日不流。”伯尊曰：“君为此召我也。为之奈何？”辇者曰：“天有山，天崩之。天有河，天壅之。虽召伯尊，如之何？”伯尊由忠问焉，辇者曰：“君亲素缟，帅群臣而哭之，既而祠焉，斯流矣。”伯尊至。君问之，曰：“梁山崩，壅遏河三日不流。为之奈何？”伯尊曰：“君亲素缟，帅群臣而哭之，既而祠焉，斯流矣。”孔子闻之，曰：“伯尊其无绩乎，攘善也！”

秋，大水。

冬，十一月，己酉，天王崩。

十有二月，己丑，公会晋侯、齐侯、宋公、卫侯、郑伯、曹伯、邾子、杞伯，同盟于虫牢。

六年，春，王正月，公至自会。

二月，辛巳，立武宫。

◎ 立者，不宜立也。

取鄟。

◎ 鄟，国也。

卫孙良夫帅师侵宋。

夏，六月，邾子来朝。

公孙婴齐如晋。

壬申，郑伯费卒。

秋，仲孙蔑、叔孙侨如帅师侵宋。

楚公子婴齐帅师伐郑。

冬，季孙行父如晋。

晋栾书帅师救郑。

七年，春，王正月，鼷鼠食郊牛角。

◎ 不言日，急辞也，过有司也。郊牛日，展斛角而知伤，展道尽矣，其所以备灾之道不尽也。

改卜牛，鼷鼠又食其角。

◎ 又，有继之辞也。其，缓辞也。曰亡乎人矣，非人之所能也，所以免有司之过也。

乃免牛。

◎乃者，亡乎人之辞也。免牲者，为之缁衣纁裳，有司玄端，奉送至于南郊。免牛亦然。免牲不曰不郊，免牛亦然。

吴伐郯。

夏，五月，曹伯来朝。

不郊，犹三望。

秋，楚公子婴齐帅师伐郑。

公会晋侯、齐侯、宋公、卫侯、曹伯、莒子、邾子、杞伯救郑。

八月，戊辰，同盟于马陵。

公至自会。

吴入州来。

冬，大雩。

◎雩，不月而时，非之也。冬无为雩也。

卫孙林父出奔晋。

八年，春，晋侯使韩穿来言汶阳之田，归之于齐。

◎于齐，缓辞也，不使尽我也。

晋栾书帅师侵蔡。

公孙婴齐如莒。

宋公使华元来聘。

夏，宋公使公孙寿来纳币。

晋杀其大夫赵同、赵括。

秋，七月，天子使召伯来锡公命。

◎礼有受命，无来锡命，锡命，非正也。曰天子，何也？曰见一称也。

冬，十月，癸卯，杞叔姬卒。

晋侯使士燮来聘。

叔孙侨如会晋士燮、齐人、邾人伐郯。

卫人来媵。

◎媵，浅事也，不志。此其志何也？以伯姬之不得其所，故尽其事也。

成公卷第十四（起九年，尽十八年）

九年，春，王正月，杞伯来逆叔姬之丧以归。

◎传曰：夫无逆出妻之丧，而为之也。

公会晋侯、齐侯、宋公、卫侯、郑伯、曹伯、莒子、杞伯，同盟于蒲。

公至自会。

二月，伯姬归于宋。

夏，季孙行父如宋致女。

◎致者，不致者也。妇人在家制于父，既嫁制于夫。如宋致女，是以我尽之也。不正，故不与内称也。逆者微，故致女。详其事，贤伯姬也。

晋人来媵。

◎媵，浅事也，不志，此其志何也？以伯姬之不得其所，故尽其事也。

秋，七月，丙子，齐侯无野卒。

晋人执郑伯。

晋栾书帅师伐郑。

◎不言战，以郑伯也。为尊者讳耻，为贤者讳过，为亲者讳疾。

冬，十有一月，葬齐顷公。

楚公子婴齐帅师伐莒。庚申，莒溃。

◎其日，莒虽夷狄，犹中国也。大夫溃莒而之楚，是以叛其上为事也。恶之，故谨而日之也。

楚人入郓。

秦人、白狄伐晋。

郑人围许。

城中城。

◎城中城者，非外民也。

十年，春，卫侯之弟黑背帅师侵郑。

夏，四月，五卜郊，不从，乃不郊。

◎夏四月，不时也。五卜，强也。乃者，亡乎人之辞也。

五月，公会晋侯、齐侯、宋公、卫侯、曹伯，伐郑。

齐人来媵。

丙午，晋侯獳卒。

秋，七月，公如晋。

冬，十月。

十有一年，春，王三月，公至自晋。

晋侯使郤犨来聘。

己丑，及郤犨盟。

夏，季孙行父如晋。

秋，叔孙侨如如齐。

冬，十月。

十有二年，春，周公出奔晋。

◎周有入无出。其曰出，上下一见之也。言其上下之道无以存也。上虽失之，下孰敢有之？今上下皆失之矣。

夏，公会晋侯、卫侯于琐泽。

秋，晋人败狄于交刚。

◎中国与夷狄不言战，皆曰败之。夷狄不日。

冬，十月。

十有三年，春，晋侯使郤锜来乞师。

◎乞，重辞也。古之人重师，故以乞言之也。

三月，公如京师。

◎公如京师不月，月，非如也。非如而曰如，不叛京师也。

夏，五月，公自京师，遂会晋侯、宋公、卫侯、郑伯、曹伯、邾人、滕人伐秦。

◎ 言受命，不敢叛周也。

曹伯庐卒于师。

◎传曰：闵之也。公、大夫，在师曰师，在会曰会。

秋，七月，公至自伐秦。

冬，葬曹宣公。

◎葬时，正也。

十有四年，春，王正月，莒子朱卒。

夏，卫孙林父自晋归于卫。

秋，叔孙侨如如齐逆女。

郑公子喜帅师伐许。

九月，侨如以夫人妇姜氏至自齐。

◎大夫不以夫人，以夫人，非正也。刺不亲迎也。侨如之挚，由上致之也。

冬，十月，庚寅，卫侯臧卒。

秦伯卒。

十有五年，春，王二月，葬卫定公。

三月，乙巳，仲婴齐卒。

◎此公孙也，其曰仲，何也？子由父疏之也。

癸丑，公会晋侯、卫侯、郑伯、曹伯、宋世子成、齐国佐、邾人，同盟于戚。晋侯执曹伯归于京师。

◎以晋侯而斥执曹伯，恶晋侯也。不言“之”，急辞也。断在晋侯也。

公至自会。

夏，六月，宋公固卒。

楚子伐郑。

秋，八月，庚辰，葬宋共公。

◎月卒日葬，非葬者也。此其言葬，何也？以其葬共姬，不可不葬共公也。葬共姬，则其不可不葬共公，何也？夫人之义不逾君也，为贤者崇也。

宋华元出奔晋。

宋华元自晋归于宋。

宋杀其大夫山。

宋鱼石出奔楚。

冬，十有一月，叔孙侨如会晋士燮、齐高无咎、宋华元、卫孙林父、郑公子鳍、邾人，会吴于钟离。

◎会又会，外之也。

许迁于叶。

◎迁者，犹得其国家以往者也。其地，许复见也。

十有六年，春，王正月，雨木冰。

◎雨而木冰也。志异也。传曰：根枝折。

夏，四月，辛未，滕子卒。

郑公孙喜帅师侵宋。

六月，丙寅朔，日有食之。

晋侯使栾黡来乞师。

甲午，晦，晋侯及楚子、郑伯战于鄢陵。楚子、郑师败绩。

◎日事遇晦曰晦。四体偏断曰败，此其败则目也。楚不言师，君重于师也。

楚杀其大夫公子侧。

秋，公会晋侯、齐侯、卫侯、宋华元、邾人于沙随。不见公。

◎不见公者，可以见公也。可以见公而不见公，讥在诸侯也。

公至自会。

公会尹子、晋侯、齐国佐、邾人伐郑。

曹伯归自京师。

◎不言所归，归之善者也。出入不名，以为不失其国也。归为善，自某归次之。

九月，晋人执季孙行父，舍之于苕丘。

◎执者不舍，而舍，公所也。执者致，而不致，公在也。何其执而辞也？犹存公也。存意，公亦存也？公存也。

冬，十月，乙亥，叔孙侨如出奔齐。

十有二月，乙丑，季孙行父及晋郤犨盟于扈。

公至自会。

乙酉，刺公子偃。

◎大夫曰卒，正也。先刺后名，杀无罪也。

十有七年，春，卫北宫括帅师侵郑。

夏，公会尹子、单子、晋侯、齐侯、宋公、卫侯、曹伯、邾人，伐郑。

六月，乙酉，同盟于柯陵。

◎柯陵之盟，谋复伐郑也。

秋，公至自会。

◎不曰至自伐郑也，公不周乎伐郑也。何以知公之不周乎伐郑？以其以会致也。何以知其盟复伐郑也？以其后会之人尽盟者也。不周乎伐郑，则何为日也？言公之不背柯陵之盟也。

齐高无咎出奔莒。

九月，辛丑，用郊。

◎夏之始，可以承春。以秋之末承春之始，盖不可矣。九月用郊，用者，不宜用也。宫室不设，不可以祭；衣服不修，不可以祭；车马器械不备，不可以祭；有司一人不备其职，不可以祭。祭者荐其时也，荐其敬也，荐其美也，非享味也。

晋侯使荀罃来乞师。

冬，公会单子、晋侯、宋公、卫侯、曹伯、齐人、邾人伐郑。

◎言公不背柯陵之盟也。

十有一月，公至自伐郑。

壬申，公孙婴齐卒于貍蜃。

◎十一月无壬申；壬申，乃十月也。致公而后录，臣子之义也。其地，未逾竟也。

十有二月，丁巳朔，日有食之。

邾子貜且卒。

晋杀其大夫郤锜、郤犨、郤至。

◎自祸于是起矣。

楚人灭舒庸。

十有八年，春，王正月，晋杀其大夫胥童。

庚申，晋弑其君州蒲。

◎ 称国以弑其君，君恶甚矣。

齐杀其大夫国佐。

公如晋。

夏，楚子、郑伯伐宋。

宋鱼石复入于彭城。

公至自晋。

晋侯使士匄来聘。

秋，杞伯来朝。

八月，邾子来朝。

筑鹿囿。

◎ 筑不志，此其志何也？山林薮泽之利，所以与民共也；虞之，非正也。

己丑，公薨于路寝。

◎路寝，正也。男子不绝妇人之手，以齐终也。

冬，楚人、郑人侵宋。

晋侯使士鲂来乞师。

十有二月，仲孙蔑会晋侯、宋公、卫侯、邾子、齐崔杼，同盟于虚朾。

丁未，葬我君成公。

襄公卷第十五（起元年，尽十五年）

元年，春，王正月，公即位。

◎继正即位，正也。

仲孙蔑会晋栾黡、宋华元、卫宁殖、曹人、莒人、邾人、滕人、薛人，围宋彭城。

◎系彭城于宋者，不与鱼石正也。

夏，晋韩厥帅师伐郑。

仲孙蔑会齐崔杼、曹人、邾人、杞人，次于鄫。

秋，楚公子壬夫帅师侵宋。

九月辛酉，天王崩。

邾子来朝。

冬，卫侯使公孙剽来聘。

晋侯使荀罃来聘。

二年，春，王正月，葬简王。

郑师伐宋。

夏，五月庚寅，夫人姜氏薨。

六月庚辰，郑伯睔卒。

晋师、宋师、卫宁殖侵郑。

◎其曰卫宁殖，如是而称于前事也。

秋，七月，仲孙蔑会晋荀罃、宋华元、卫孙林父、曹人、邾人于戚。

己丑，葬我小君齐姜。

叔孙豹如宋。

冬，仲孙蔑会晋荀罃、齐崔杼、宋华元、卫孙林父、曹人、邾人、滕人、薛人、小邾人于戚，遂城虎牢。

◎若言中国焉，内郑也。

楚杀其大夫公子申。

三年，春，楚公子婴齐帅师伐吴。

公如晋。

夏，四月，壬戌，公及晋侯盟于长樗。

公至自晋。

六月，公会单子、晋侯、宋公、卫侯、郑伯、莒子、邾子、齐世子光。己未，同盟于鸡泽。

◎同者，有同也，同外楚也。

陈侯使袁侨如会。

◎如会，外乎会也。于会受命也。

戊寅，叔孙豹及诸侯之大夫及陈袁侨盟。

◎及以及，与之也。诸侯以为可与则与之，不可与则释之。诸侯盟，又大夫相与私盟，是大夫张也。故鸡泽之会，诸侯始失正矣，大夫执国权，曰袁侨，异之也。

秋，公至自晋。

冬，晋荀罃帅师伐许。

四年春，王三月，己酉，陈侯午卒。

夏，叔孙豹如晋。

秋，七月戊子，夫人姒氏薨。

葬陈成公。

八月辛亥，葬我小君定姒。

冬，公如晋。

陈人围顿。

五年，春，公至自晋。

夏，郑伯使公子发来聘。

叔孙豹、缯世子巫如晋。

◎外不言如，而言如，为我事往也。

仲孙蔑、卫孙林父会吴于善稻。

◎吴谓善伊，谓稻缓。号从中国，名从主人。

秋，大雩。

楚杀其大夫公子壬夫。

公会晋侯、宋公、陈侯、卫侯、郑伯、曹伯、莒子、邾子、滕子、薛伯、齐世子光、吴人、缯人于戚。

公至自会。

冬，戍陈。

◎ 内辞也。

楚公子贞帅师伐陈。

公会晋侯、宋公、卫侯、郑伯、曹伯、莒子、邾子、滕子、薛伯、齐世子光救陈。

十有二月，公至自救陈。

◎善救陈也。

辛未，季孙行父卒。

六年，春，王三月，壬午，杞伯姑容卒。

夏，宋华弱来奔。

秋，葬杞桓公。

滕子来朝。莒人灭缯。

◎非灭也。中国日，卑国月，夷狄时。缯，中国也，而时，非灭也。家有既亡，国有既灭。灭而不自知，由别之而不别也。莒人灭缯，非灭也，非立异姓以莅祭祀，灭亡之道也。

冬，叔孙豹如邾。

季孙宿如晋。

十有二月，齐侯灭莱。

七年，春，郯子来朝。

夏，四月，三卜郊，不从，乃免牲。

◎夏四月，不时也。三卜，礼也。乃者，亡乎人之辞也。

小邾子来朝。

城费。

秋，季孙宿如卫。

八月，螽。

冬，十月，卫侯使孙林父来聘。

壬戌，及孙林父盟。

楚公子贞帅师围陈。

十有二月，公会晋侯、宋公、陈侯、卫侯、曹伯、莒子、邾子于鄬。

郑伯髡原如会，未见诸侯。丙戌，卒于操。

◎未见诸侯，其曰如会，何也？致其志也。礼：诸侯不生名。此其生名，何也？卒之名也。卒之名，则何为加之如会之上？见以如会卒也。其见以如会卒，何也？郑伯将会中国，其臣欲从楚，不胜，其臣弑而死。其言不弑何也？不使夷狄之民加乎中国之君也。其地，于外也。其日，未逾竟也。日卒，时葬，正也。

陈侯逃归。

◎以其去诸侯，故逃之也。

八年，春，王正月，公如晋。

夏，葬郑僖公。

郑人侵蔡，获蔡公子湿。

◎人，微者也。侵，浅事也。而获公子，公子病矣。

季孙宿会晋侯、郑伯、齐人、宋人、卫人、邾人于邢丘。

◎见鲁之失正也，公在而大夫会也。

公至自晋。

莒人伐我东鄙。

秋，九月，大雩。

冬，楚公子贞帅师伐郑。

晋侯使士匄来聘。

九年，春，宋灾。

◎外灾不志，此其志何也？故宋也。

夏，季孙宿如晋。

五月，辛酉，夫人姜氏薨。

秋，八月癸未，葬我小君穆姜。

冬，公会晋侯、宋公、卫侯、曹伯、莒子、邾子、滕子、薛伯、小邾子、齐世子光，伐郑。

十有二月，己亥，同盟于戏。

◎不异言郑，善得郑也。不致，耻不能据郑也。

楚子伐郑。

十年，春，公会晋侯、宋公、卫侯、曹伯、莒子、邾子、滕子、薛伯、杞伯、小邾子、齐世子光，会吴于柤。

◎会又会，外之也。

夏，五月，甲午，遂灭傅阳。

◎遂，直遂也。其曰遂何？不以中国从夷狄也。

公至自会。

◎会夷狄不致，恶事不致，此其致何也？存中国也。中国有善事则并焉，无善事则异之，存之也。汲郑伯，逃归陈侯，致柤之会，存中国也。

楚公子贞、郑公孙辄帅师伐宋。

晋师伐秦。

秋，莒人伐我东鄙。

公会晋侯、宋公、卫侯、曹伯、莒子、邾子、齐世子光、滕子、薛伯、杞伯、小邾子伐郑。

冬，盗杀郑公子斐、公子发、公孙辄。

◎称盗以杀大夫，弗以上下道，恶上也。

戍郑虎牢。

◎其曰郑虎牢，决郑乎虎牢也。

楚公子贞帅师救郑。

公至自伐郑。

十有一年，春，王正月，作三军。

◎作，为也。古者天子六师，诸侯一军。作三军，非正也。

夏，四月，四卜郊，不从，乃不郊。

◎夏四月，不时也。四卜，非礼也。

郑公孙舍之帅师侵宋。

公会晋侯、宋公、卫侯、曹伯、齐世子光、莒子、邾子、滕子、薛伯、杞伯、小邾子，伐郑。

秋，七月己未，同盟于京城北。

公至自伐郑。

◎不以后致，盟后复伐郑也。

楚子、郑伯伐宋。

公会晋侯、宋公、卫侯、曹伯、齐世子光、莒子、邾子、滕子、薛伯、杞伯、小邾子伐郑，会于萧鱼。

公至自会。

◎伐而后会，不以伐郑致，得郑伯之辞也。

楚人执郑行人良霄。

◎行人者，挈国之辞也。

冬，秦人伐晋。

十有二年，春，王三月，莒人伐我东鄙，围邰。

◎伐国不言围邑，举重也。取邑不书围，安足书也。

季孙宿帅师救邰，遂入郓。

◎遂，继事也。受命而救邰，不受命而入郓，恶季孙宿也。

夏，晋侯使士鲂来聘。

秋，九月，吴子乘卒。

冬，楚公子贞帅师侵宋。

公如晋。

十有三年，春，公至自晋。

夏，取邿。

秋，九月，庚辰，楚子审卒。

冬，城防。

十有四年，春，王正月，季孙宿叔老会晋士匄、齐人、宋人、卫人、郑公孙虿、曹人、莒人、邾人、滕人、薛人、杞人、小邾人，会吴于向。

二月，乙未，朔，日有食之。

夏，四月，叔孙豹会晋荀偃、齐人、宋人、卫北宫括、郑公孙虿、曹人、莒人、邾人、滕人、薛人、杞人、小邾人，伐秦。

己未，卫侯出奔齐。

莒人侵我东鄙。

秋，楚公子贞帅师伐吴。

冬，季孙宿会晋士匄、宋华阅、卫孙林父、郑公孙虿、莒人、邾人于戚。

十有五年，春，宋公使向戌来聘。

二月，己亥，及向戌盟于刘。

刘夏逆王后于齐。

◎过我，故志之也。

夏，齐侯伐我北鄙，围成。

公救成，至遇。

季孙宿、叔孙豹帅师城成郛。

秋，八月，丁巳，日有食之。

邾人伐我南鄙。

冬，十有一月，癸亥，晋侯周卒。

襄公卷第十六（起十六年，尽三十一年）

十有六年，春，王正月，葬晋悼公。

三月，公会晋侯、宋公、卫侯、郑伯、曹伯、莒子、邾子、薛伯、杞伯、小邾子于溴梁。

戊寅，大夫盟。

◎溴梁之会，诸侯失正矣。诸侯会，而曰大夫盟，正在大夫也。诸侯在而不曰诸侯之大夫，大夫不臣也。

晋人执莒子、邾子以归。

齐侯伐我北鄙。

夏，公至自会。

五月，甲子，地震。

叔老会郑伯、晋荀偃、卫宁殖、宋人，伐许。

秋，齐侯伐我北鄙，围成。

大雩。

冬，叔孙豹如晋。

十有七年，春，王二月庚午，邾子瞷卒。

宋人伐陈。

夏，卫石买帅师伐曹。

秋，齐侯伐我北鄙，围桃。

齐高厚帅师伐我北鄙，围防。

九月，大雩。

宋华臣出奔陈。

冬，邾人伐我南鄙。

十有八年，春，白狄来。

夏，晋人执卫行人石买。

◎称行人，怨接于上也。

秋，齐侯伐我北鄙。

冬，十月，公会晋侯、宋公、卫侯、郑伯、曹伯、莒子、邾子、滕子、薛伯、杞伯、小邾子，同围齐。

◎非围而曰围齐，有大焉，亦有病焉。非大而足同与？诸侯同罪之也，亦病矣。

曹伯负刍卒于师。

◎闵之也。

楚公子午帅师伐郑。

十有九年，春，王正月，诸侯盟于祝柯。

晋人执邾子。

公至自伐齐。

◎《春秋》之义，已伐而盟复伐者则以伐致，盟不复伐者则以会致。祝柯之盟，盟复伐齐与？曰非也。然则何为以伐致也？曰与人同事，或执其君，或取其地。

取邾田，自漷水。

◎轧辞也。其不日，恶盟也。

季孙宿如晋。

葬曹成公。

夏，卫孙林父帅师伐齐。

秋，七月辛卯，齐侯环卒。

晋士匄帅师侵齐，至谷，闻齐侯卒，乃还。

◎还者，事未毕之辞也。受命而诛，生死无所知其怒。不伐丧，善之也。善之，则何为未毕也？君不尸小事，臣不专大名，善则称君，过则称己，则民作让矣。士匄外专君命，故非之也。然则为士匄者宜奈何？宜墠帷而归命乎介。

八月，丙辰，仲孙蔑卒。

齐杀其大夫高厚。

郑杀其大夫公子嘉。

冬，葬齐灵公。

城西郛。

叔孙豹会晋士匄于柯。

城武城。

二十年，春，王正月辛亥，仲孙速会莒人，盟于向。

夏，六月，庚申，公会晋侯、齐侯、宋公、卫侯、郑伯、曹伯、莒子、邾子、滕子、薛伯、杞伯、小邾子，盟于澶渊。

秋，公至自会。

仲孙速帅师伐邾。

蔡杀其大夫公子湿。

蔡公子履出奔楚。

陈侯之弟光出奔楚。

◎诸侯之尊，弟兄不得以属通。其弟云者，亲之也。亲而奔之，恶也。

叔老如齐。

冬，十月，丙辰，朔，日有食之。

季孙宿如宋。

二十有一年，春，王正月，公如晋。

邾庶其以漆闾丘来奔。

◎以者，不以者也。来奔者不言出，举其接我者也。漆闾丘不言及，小大敌也。

夏，公至自晋。

秋，晋栾盈出奔楚。

九月，庚戌，朔，日有食之。

冬，十月，庚辰，朔，日有食之。

曹伯来朝。

公会晋侯、齐侯、宋公、卫侯、郑伯、曹伯、莒子、邾子于商任。

庚子，孔子生。

二十有二年，春，王正月，公至自会。

夏，四月。

秋，七月辛酉，叔老卒。

冬，公会晋侯、齐侯、宋公、卫侯、郑伯、曹伯、莒子、邾子、滕子、薛伯、杞伯、小邾子于沙随。

公至自会。

楚杀其大夫公子追舒。

二十有三年，春，王二月，癸酉，朔，日有食之。

三月，己巳，杞伯匄卒。

夏，邾畀我来奔。

葬杞孝公。

陈杀其大夫庆虎及庆寅。

◎称国以杀，罪累上也。及庆寅，庆寅累也。

陈侯之弟光自楚归于陈。

晋栾盈复入于晋，入于曲沃。

秋，齐侯伐卫，遂伐晋。

八月，叔孙豹帅师救晋，次于雍渝。

◎言救后次，非救也。

己卯，仲孙速卒。

冬，十月，乙亥，臧孙纥出奔邾。

◎其日，正臧孙纥之出也。蘧伯玉曰："不以道事其君者，其出乎！"

晋人杀栾盈。恶之，弗有也。齐侯袭莒。

二十有四年，春，叔孙豹如晋。

仲孙羯帅师侵齐。

夏，楚子伐吴。

秋，七月，甲子，朔，日有食之，既。

齐崔杼帅师伐莒。

大水。

八月，癸巳，朔，日有食之。

公会晋侯、宋公、卫侯、郑伯、曹伯、莒子、邾子、滕子、薛伯、杞伯、小邾子于夷仪。

冬，楚子、蔡侯、陈侯、许男伐郑。

公至自会。

陈鍼宜咎出奔楚。

叔孙豹如京师。

大饥。

◎五谷不升为大饥。一谷不升谓之嗛，二谷不升谓之饥，三谷不升谓之馑，四谷不升谓之康，五谷不升谓之大侵。大侵之礼，君食不兼味，台榭不涂，弛侯，廷道不除，百官布而不制，鬼神祷而不祀，此大侵之礼也。

二十有五年，春，齐崔杼帅师伐我北鄙。

夏，五月乙亥，齐崔杼弑其君光。

◎庄公失言，淫于崔氏。

公会晋侯、宋公、卫侯、郑伯、曹伯、莒子、邾子、滕子、薛伯、杞伯、小邾子于夷仪。

六月，壬子，郑公孙舍之帅师入陈。

秋，八月，己巳，诸侯同于重丘。

公至自会。

卫侯入于夷仪。

楚屈建帅师灭舒鸠。

冬，郑公孙夏帅师伐陈。

十有二月，吴子谒伐楚，门于巢，卒。

◎以伐楚之事门于巢，卒也。于巢者，外乎楚也。门于巢，乃伐楚也。诸侯不生名，取卒之名加之伐楚之上者，见以伐楚卒也。其见以伐楚卒何也？古者大国过小邑，小邑必饰城而请罪，礼也。吴子谒伐楚至巢，入其门，门人射吴子，有矢创，反舍而卒。古者虽有文事，必有武备，非巢之不饰城而请罪，非吴子之自轻也。

二十有六年，春，王二月，辛卯，卫宁喜弑其君剽。

◎此不正，其日何也？殖也立之，喜也君之，正也。

卫孙林父入于戚以叛。

甲午，卫侯衎复归于卫。

◎日归，见知弑也。

夏，晋侯使荀吴来聘。

公会晋人、郑良霄、宋人、曹人于澶渊。

秋，宋公杀其世子座。

晋人执卫宁喜。

八月，壬午，许男宁卒于楚。

冬，楚子、蔡侯、陈侯伐郑。

葬许灵公。

二十有七年，春，齐侯使庆封来聘。

夏，叔孙豹会晋赵武、楚屈建、蔡公孙归生、卫石恶、陈孔奂、郑良霄、许人、曹人于宋。

卫杀其大夫宁喜。

◎称国以杀，罪累上也。宁喜弑君，其以累上之辞言之，何也？尝为大夫，与之涉公事矣。宁喜由君弑君，而不以弑君之罪罪之者，恶献公也。

卫侯之弟专出奔晋。

◎专，喜之徒也。专之为喜之徒何也？己虽急纳其兄，与人之臣谋弑其君，是亦弑君者也。专其曰弟，何也？专有是信者。君赂不入乎喜而杀喜，是君不直乎喜也，故出奔晋。织絇邯郸，终身不言卫。专之去，合乎《春秋》。

秋，七月辛巳，豹及诸侯之大夫盟于宋。

◎湨梁之会，诸侯在而不曰诸侯之大夫，大夫不臣也，晋赵武耻之。豹云者，恭也。诸侯不在而曰诸侯之大夫，大夫臣也，其臣恭也，晋赵武为之会也。

冬，十有二月，乙亥，朔，日有食之。

二十有八年，春，无冰。

夏，卫石恶出奔晋。

邾子来朝。

秋，八月，大雩。

仲孙羯如晋。

冬，齐庆封来奔。

十有一月，公如楚。

十有二月，甲寅，天王崩。

乙未，楚子昭卒。

二十有九年，春，公在楚。

◎闵公也。

夏，五月，公至自楚。

◎喜之也。致君者，殆其往而喜其反，此致君之意义也。

庚午，卫侯衎卒。

阍弑吴子余祭。

◎阍，门者也，寺人也。不称名姓，阍不得齐于人。不称其君，阍不得君其君也。礼：君不使无耻，不近刑人，不狎敌，不迩怨。贱人，非所贵也；贵人，非所刑也；刑人，非所近也。举至贱而加之吴子，吴子近刑人也。阍弑吴子余祭，仇之也。

仲孙羯会晋荀盈、齐高止、宋华定、卫世叔仪、郑公孙段、曹人、莒人、邾人、滕人、薛人、小邾人，城杞。

◎古者天子封诸侯，其地足以容其民，其民足以满城以自守也。杞危而不能自守，故诸侯之大夫相帅以城之，此变之正也。晋侯使士鞅来聘。杞子来盟。吴子使札来聘。吴其称子，何也？善使延陵季子，故进之也。身贤，贤也，使贤，亦贤也。延陵季子之贤，尊君也。其名，成尊于上也。

秋，七月，葬卫献公。

齐高止出奔北燕。

◎其曰北燕，从史文也。

冬，仲孙羯如晋。

三十年，春，王正月，楚子使薳罢来聘。

夏，四月，蔡世子般弑其君固。

◎其不日，子夺父政，是谓夷之。

五月甲午，宋灾，伯姬卒。

◎取卒之日，加之灾上者，见以灾卒也。其见以灾卒奈何？伯姬之舍失火，左右曰："夫人少辟火乎？"伯姬曰："妇人之义，傅母不在，宵不下堂。"左右又曰："夫人少辟火乎？"伯姬曰："妇人之义，保母不在，宵不下堂。"遂逮乎火而死。妇人以贞为行者也，伯姬之妇道尽矣。详其事，贤伯姬也。

天王杀其弟佞夫。

◎传曰：诸侯且不首恶，况于天子乎？君无忍亲之义。天子、诸侯所亲者，唯长子、母弟耳。天王杀其弟佞夫，甚之也。

王子瑕奔晋。

秋，七月，叔弓如宋，葬共姬。

◎外夫人不书葬，此其言葬何也？吾女也。卒灾，故隐而葬之也。

郑良霄出奔许，自许入于郑，郑人杀良霄。

◎不言大夫，恶之也。

冬，十月，葬蔡景公。

◎不日卒而月葬，不葬者也。卒而葬之，不忍使父失民于子也。

晋人、齐人、宋人、卫人、郑人、曹人、莒人、邾人、滕人、薛人、杞人、小邾人会于澶渊，宋灾故。

◎会不言其所为，其曰宋灾故，何也？不言灾故，则无以见其善也。其曰人，何也？救灾以众。何救焉？更宋之所丧财也。澶渊之会，中国不侵伐夷狄，夷狄不入中国，无侵伐八年，善之也。晋赵武、楚屈建之力也。

三十有一年，春，王正月。

夏，六月辛巳，公薨于楚宫。

◎楚宫，非正也。

秋，九月癸巳，子野卒。

◎子卒日，正也。

己亥，仲孙羯卒。

冬，十月，滕子来会葬。

癸酉，葬我君襄公。

十有一月，莒人弒其君密州。

昭公卷第十七（起元年，尽十三年）

元年，春，王正月，公即位。

◎继正即位，正也。

叔孙豹会晋赵武、楚公子围、齐国弱、宋向戌、卫齐恶、陈公子招、蔡公孙归生、郑罕虎、许人、曹人于郭。

三月，取郓。

夏，秦伯之弟鍼出奔晋。

◎诸侯之尊，弟兄不得以属通。其弟云者，亲之也。亲而奔之，恶也。

六月，丁巳，邾子华卒。

晋荀吴帅师败狄于大原。

◎传曰：中国曰大原，夷狄曰大卤。号从中国，名从主人。

秋，莒去疾自齐入于莒。

莒展出奔吴。

叔弓帅师疆郓田。

◎疆之为言，犹竟也。

葬邾悼公。

冬，十有一月，己酉，楚子卷卒。

楚公子比出奔晋。

二年，春，晋侯使韩起来聘。

夏，叔弓如晋。

秋，郑杀其大夫公孙黑。

冬，公如晋，至河乃复。

◎耻如晋，故著有疾也。

季孙宿如晋。

◎公如晋而不得入，季孙宿如晋而得入，恶季孙宿也。

三年，春，王正月，丁未，滕子原卒。

夏，叔弓如滕。

五月，葬滕成公。

秋，小邾子来朝。

八月，大雩。

冬，大雨雹。

北燕伯款出奔齐。

◎其曰北燕，从史文也。

四年，春，王正月，大雨雪。

夏，楚子、蔡侯、陈侯、郑伯、许男、徐子、滕子、顿子、胡子、沈子、小邾子、宋世子佐、淮夷会于申。楚人执徐子。

秋，七月，楚子、蔡侯、陈侯、许男、顿子、胡子、沈子、淮夷伐吴。

执齐庆封，杀之。

◎此入而杀，其不言入，何也？庆封封乎吴钟离，其不言伐钟离，何也？不与吴封也。庆封其以齐氏，何也？为齐讨也。灵王使人以庆封令于军中，曰："有若齐庆封弑其君者乎？"庆封曰："子一息，我亦且一言。"曰："有若楚公子围弑其兄之子而代之为君者乎？"军人粲然皆笑。庆封弑其君而不以弑君之罪罪之者，庆封不为灵王服也，不与楚讨也。《春秋》之义，用贵治贱，用贤治不肖，不以乱治乱也。孔子曰："怀恶而讨，虽死不服，其斯之谓与！"

遂灭厉。

◎遂，继事也。

九月，取缯。

冬，十有二月，乙卯，叔孙豹卒。

五年，春，王正月，舍中军。

◎贵复正也。

楚杀其大夫屈申。

公如晋。

夏，莒牟夷以牟娄及防兹来奔。

◎以者，不以者也。来奔者不言出。及防兹，以大及小也。莒无大夫，其曰牟夷，何也？以其地来也。地以来则何以书也？重地也。

秋，七月，公至自晋。

戊辰，叔弓帅师，败莒师于贲泉。

◎狄人谓贲泉失台，号从中国，名从主人。

秦伯卒。

冬，楚子、蔡侯、陈侯、许男、顿子、沈子、徐人、越人伐吴。

六年，春，王正月，杞伯益姑卒。

葬秦景公。

夏，季孙宿如晋。

葬杞文公。

宋华合比出奔卫。

秋，九月，大雩。

楚薳罢帅师伐吴。

冬，叔弓如楚。

齐侯伐北燕。

七年，春，王正月，暨齐平。

◎平者，成也。暨犹暨暨也，暨者不得已也，以外及内曰暨。

三月，公如楚。

叔孙婼如齐莅盟。

◎莅，位也。内之前定之辞谓之莅，外之前定之辞谓之来。

夏，四月，甲辰，朔，日有食之。

秋，八月，戊辰，卫侯恶卒。

◎乡曰卫齐恶，今曰卫侯恶，此何为君臣同名也？君子不夺人名，不夺人亲之所名，重其所以来也，王父名子也。

九月，公至自楚。

冬，十有一月，癸未，季孙宿卒。

十有二月癸亥，葬卫襄公。

八年，春，陈侯之弟招杀陈世子偃师。

◎乡曰陈公子招，今曰陈侯之弟招，何也？曰尽其亲，所以恶招也。两下相杀，不志乎《春秋》，此其志何也？世子云者，唯君之贰也。云可以重之，存焉，志之也。诸侯之尊，弟兄不得以属通。其弟云者，亲之也。亲而杀之，恶也。

夏，四月，辛丑，陈侯溺卒。

叔弓如晋。

楚人执陈行人干征师，杀之。

◎称人以执大夫，执有罪也。称行人，怨接于上也。

陈公子留出奔郑。

秋，蒐于红。

◎正也。因蒐狩以习用武事，礼之大者也。艾兰以为防，置旃以为辕门，以葛覆质以为槷，流旁握，御轚者不得入。车轨尘，马候蹄，揜禽旅，御者不失其驰，然后射者能中。过防弗逐，不从奔之道也。面伤不献，不成禽不献。禽虽多，天子取三十焉。其余与士众，以习射于射宫，射而中，田不得禽则得禽；田得禽而射不中，则不得禽。是以知古之贵仁义而贱勇力也。

陈人杀其大夫公子过。

大雩。

冬，十月，壬午，楚师灭陈。执陈公子招，放之于越。杀陈孔奂。

◎恶楚子也。

葬陈哀公。

◎不与楚灭，闵之也。

九年，春，叔弓会楚子于陈。

许迁于夷。

夏，四月，陈火。

◎国曰灾，邑曰火。火不志，此何以志？闵陈而存之也。

秋，仲孙貜如齐。

冬，筑郎囿。

十年，春，王正月。

夏，齐栾施来奔。

秋，七月，季孙意如、叔弓、仲孙貜帅师伐莒。

戊子，晋侯彪卒。

九月，叔孙婼如晋。

葬晋平公。

十有二月，甲子，宋公成卒。

十有一年，春，王二月，叔弓如宋。

葬宋平公。

夏，四月，丁巳，楚子虔诱蔡侯般，杀之于申。

◎何为名之也？夷狄之君诱中国之君而杀之，故谨而名之也。称时，称月，称日，称地，谨之也。

楚公子弃疾帅师围蔡。

五月，甲申，夫人归氏薨。

大蒐于比蒲。

仲孙貜会邾子，盟于祲祥。

秋，季孙意如会晋韩起、齐国弱、宋华亥、卫北宫佗、郑罕虎、曹人、杞人于厥慭。

九月，己亥，葬我小君齐归。

冬，十有一月，丁酉，楚师灭蔡，执蔡世子友以归，用之。

◎此子也，其曰世子，何也？不与楚杀也。一事注乎志，所以恶楚子也。

十有二年，春，齐高偃帅师，纳北燕伯于阳。

◎纳者，内不受也。燕伯之不名，何也？不以高偃挈燕伯也。

三月，壬申，郑伯嘉卒。

夏，宋公使华定来聘。

公如晋，至河乃复。

◎季孙氏不使遂乎晋也。

五月，葬郑简公。

楚杀其大夫成虎。

秋，七月。

冬，十月，公子慭出奔齐。

楚子伐徐。

晋伐鲜虞。

◎其曰晋，狄之也。其狄之，何也？不正其与夷狄交伐中国，故狄称之也。

十有三年，春，叔弓帅师围费。

夏，四月，楚公子比自晋归于楚。弑其君虔于乾溪。

◎自晋，晋有奉焉尔。归而弑，不言归，言归，非弑也。归一事也，弑一事也，而遂言之，以比之归弑，比不弑也。弑君者日，不日，比不弑也。

楚公子弃疾杀公子比。

◎当上之辞也。当上之辞者，谓不称人以杀，乃以君杀之也。讨贼以当上之辞，杀，非弑也。比之不弑有四。取国者称国以弑，楚公子弃疾杀公子比，比不嫌也。《春秋》不以嫌代嫌。弃疾主其事，故嫌也。

秋，公会刘子、晋侯、齐侯、宋公、卫侯、郑伯、曹伯、莒子、邾子、滕子、薛伯、杞伯、小邾子于平丘。

八月甲戌，同盟于平丘，公不与盟。

◎同者，有同也，同外楚也。公不与盟者，可以与而不与，讥在公也。其日，善是盟也。

晋人执季孙意如以归。

公至自会。

蔡侯庐归于蔡。

陈侯吴归于陈。

◎善其成之，会而归之，故谨而日之。此未尝有国也，使如失国辞然者，不与楚灭也。

冬，十月，葬蔡灵公。

◎变之不葬有三：失德不葬，弑君不葬，灭国不葬。然且葬之，不与楚灭，且成诸侯之事也。

公如晋，至河乃复。

吴灭州来。

昭公卷第十八（起十四年，尽三十二年）

十有四年，春，意如至自晋。

◎大夫执则致，致则名。意如恶，然而致，见君臣之礼也。

三月，曹伯滕卒。

夏，四月。

秋，葬曹武公。

八月，莒子去疾卒。

冬，莒杀其公子意恢。

◎言公子而不言大夫，莒无大夫也。莒无大夫而曰公子意恢，意恢贤也。曹、莒皆无大夫。其所以无大夫者，其义异也。

十有五年，春，王正月，吴子夷末卒。

二月，癸酉，有事于武宫，籥入，叔弓卒，去乐卒事。

◎君在祭乐之中，闻大夫之丧，则去乐卒事，礼也。君在祭乐之中，大夫有变，以闻可乎？大夫，国体也。古之人重死，君命无所不通。

夏，蔡朝吴，出奔郑。

六月，丁巳，朔，日有食之。

秋，晋荀吴帅师伐鲜虞。

冬，公如晋。

十有六年，春，齐侯伐徐。

楚子诱戎蛮子杀之。

夏，公至自晋。

秋，八月，己亥，晋侯夷卒。

九月，大雩。

季孙意如如晋。

冬，十月，葬晋昭公。

十有七年，春，小邾子来朝。

夏，六月，甲戌，朔，日有食之。

秋，郯子来朝。

八月，晋荀吴帅师灭陆浑戎。

冬，有星孛于大辰。

◎一有一亡曰有。于大辰者，滥于大辰也。

楚人及吴战于长岸。

◎两夷狄曰败，中国与夷狄亦曰败。楚人及吴战于长岸，进楚子，故曰战。

十有八年，春，王三月，曹伯须卒。

夏，五月壬午，宋、卫、陈、郑灾。

◎其志，以同日也。其日，亦以同日也。或曰人有谓郑子产曰："某日有灾。"子产曰："天者神，子恶知之?"是人也，同日为四国灾也。

六月，邾人入鄅。

秋，葬曹平公。

冬，许迁于白羽。

十有九年，春，宋公伐邾。

夏，五月戊辰，许世子止弑其君买。

◎日杀，正卒也。正卒，则止不弑也。不弑而曰弑，责止也。止曰："我与夫弑者。"不立乎其位，以与其弟虺。哭泣歠饩粥，嗌不容粒，未逾年而死，故君子即止自责而责之也。

己卯，地震。

秋，齐高发帅师伐莒。

冬，葬许悼公。

◎日卒时葬，不使止为弑父也。曰，子既生，不免乎水火，母之罪也。羁贯成童，不就师傅，父之罪也。就师学问无方，心志不通，身之罪也。心志既通，而名誉不闻，友之罪也。名誉既闻，有司不举，有司之罪也。有司举之，王者不用，王者之过也。许世子不知尝药，累及许君也。

二十年，春，王正月。

夏，曹公孙会自梦出奔宋。

◎自梦者，专乎梦也。曹无大夫，其曰公孙，何也？言其以贵取之，而不以叛也。

秋，盗杀卫侯之兄辄。

◎盗，贱也。其曰兄，母兄也。目卫侯，卫侯累也。然则何为不为君也？曰有天疾者，不得入乎宗庙。辄者何也？曰两足不能相过，齐谓之綦，楚谓之蹇，卫谓之辄。

冬，十月，宋华亥、向宁、华定出奔陈。

十有一月，辛卯，蔡侯庐卒。

二十有一年，春，王三月，葬蔡平公。

夏，晋侯使士鞅来聘。

宋华亥、向宁、华定自陈入于宋南里以叛。

◎自陈，陈有奉焉尔。入者，内弗受也。其曰宋南里，宋之南鄙也。以者，不以者也。叛，直叛也。

秋，七月，壬午，朔，日有食之。

八月，乙亥，叔辄卒。

冬，蔡侯东出奔楚。

◎东者，东国也。何为谓之东也？王父诱而杀焉，父执而用焉，奔，而又奔之。曰东，恶之而贬之也。

公如晋，至河乃复。

二十有二年，春，齐侯伐莒。

宋华亥、向宁、华定自宋南里出奔楚。

◎自宋南里者，专也。

大蒐于昌间。

◎秋而曰蒐，此春也，其曰蒐，何也？以蒐事也。

夏，四月，乙丑，天王崩。

六月，叔鞅如京师。葬景王。

王室乱。

◎乱之为言，事未有所成也。

刘子、单子以王猛居于皇。以者，不以者也。王猛嫌也。

秋，刘子、单子以王猛入于王城。

◎以者，不以者也。入者，内弗受也。

冬，十月，王子猛卒。

◎此不卒者也，其曰卒，失嫌也。

十有二月，癸酉，朔，日有食之。

二十有三年，春，王正月，叔孙婼如晋。

癸丑，叔鞅卒。

晋人执我行人叔孙婼。

晋人围郊。

夏，六月，蔡侯东国卒于楚。

秋，七月，莒子庚舆来奔。

戊辰，吴败顿、胡、沈、蔡、陈、许之师于鸡甫。胡子髡、沈子盈灭。

◎中国不言败，此其言败，何也？中国不败，胡子髡、沈子盈其灭乎？其言败，释其灭也。

获陈夏啮。

◎获者，非与之辞也，上下之称也。

天王居于狄泉。

◎始王也。其曰天王，因其居而王之也。

尹氏立王子朝。

◎立者，不宜立者也。朝之不名何也？别嫌乎尹氏之朝也。

八月，乙未，地震。

冬，公如晋，至河，公有疾，乃复。

◎疾不志，此其志何也？释不得入乎晋也。

二十有四年，春，王二月，丙戌，仲孙貜卒。

婼至自晋。

◎大夫执则致，致则挈，由上致之也。

夏，五月，乙未，朔，日有食之。

秋，八月，大雩。

丁酉，杞伯郁釐卒。

冬，吴灭巢。

葬杞平公。

二十有五年，春，叔孙婼如宋。

夏，叔倪会晋赵鞅、宋乐大心、卫北宫喜、郑游吉、曹人、邾人、滕人、薛人、小邾人于黄父。

有鸲鹆来巢。

◎一有一亡曰有。来者，来中国也。鸲鹆穴者而曰巢。或曰，增之也。

秋，七月，上辛，大雩。季辛，又雩。

◎季者，有中之辞也。又，有继之辞也。

九月，乙亥，公孙于齐。

◎孙之为言，犹孙也。讳奔也。

次于阳州。

◎次，止也。

齐侯唁公于野井。

◎吊失国曰唁。唁公不得入于鲁也。

冬，十月，戊辰，叔孙婼卒。

十有一月，己亥，宋公佐卒于曲棘。

◎邡公也。

十有二月，齐侯取郓。

◎取，易辞也。内不言取，以其为公取之，故易言之也。

二十有六年，春，王正月，葬宋元公。

三月，公至自齐，居于郓。

◎公次于阳州，其曰至自齐，何也？以齐侯之见公，可以言至自齐也。居于郓者，公在外也。至自齐，道义不外公也。

夏，公围成。

◎非国不言围，所以言围者，以大公也。

秋，公会齐侯、莒子、邾子、杞伯、盟于郇陵。

公至自会，居于郓。

◎公在外也。至自会，道义不外公也。

九月，庚申，楚子居卒。

冬，十月，天王入于成周。

◎周，有入无出也。

尹氏、召伯、毛伯以王子朝奔楚。

◎远矣，非也。奔，直奔也。

二十有七年，春，公如齐。

公至自齐，居于郓。

◎公在外也。

夏，四月，吴弑其君僚。

楚杀其大夫郄宛。

秋，晋士鞅、宋乐祁犁、卫北宫喜、曹人、邾人、滕人会于扈。

冬，十月，曹伯午卒。

邾快来奔。

公如齐。

公至自齐，居于郓。

二十有八年，春，王三月，葬曹悼公。

公如晋，次于乾侯。

◎公在外也。

夏，四月，丙戌，郑伯宁卒。

六月，葬郑定公。

秋，七月，癸巳，滕子宁卒。

冬，葬滕悼公。

二十有九年，春，公至自乾侯，居于郓。

齐侯使高张来唁公。

◎唁公不得入于鲁也。

公如晋，次于乾侯。

夏，四月，庚子，叔倪卒。

◎季孙意如曰："叔倪无病而死。此皆无公也，是天命也，非我罪也。"

秋，七月。

冬，十月，郓溃。

◎溃之为言，上下不相得也。上下不相得则恶矣，亦讥公也。昭公出奔，民如释重负。

三十年，春，王正月，公在乾侯。

◎中国不存公，存公故也。

夏，六月，庚辰，晋侯去疾卒。

秋，八月，葬晋顷公。

冬，十有二月，吴灭徐。徐子章羽奔楚。

三十有一年，春，王正月，公在乾侯。

季孙意如会晋荀栎于适历。

夏，四月，丁巳，薛伯穀卒。

晋侯使荀栎唁公于乾侯。

◎唁公不得入于鲁也。曰："既为君言之矣，不可者意如也。"

秋，葬薛献公。

冬，黑肱以滥来奔。

◎其不言邾黑肱，何也？别乎邾也。其不言滥子，何也？非天子所封也。来奔，内不言叛也。

十有二月辛亥朔，日有食之。

三十有二年春，王正月，公在乾侯，取阚。

夏，吴伐越。

秋，七月。

冬，仲孙何忌会晋韩不信、齐高张、宋仲几、卫大叔申、郑国参、曹人、莒人、邾人、薛人、杞人、小邾人城成周。

◎天子微，诸侯不享觐。天子之在者，惟祭与号。故诸侯之大夫相帅以城之，此变之正也。

十有二月，己未，公薨于乾侯。

定公卷第十九（起元年，尽十五年）

元年，春，王。

◎不言正月，定无正也。定之无正，何也？昭公之终非正终也，定之始非正始也。昭无正终，故定无正始。不言即位，丧在外也。

三月，晋人执宋仲几于京师。

◎此其大夫，其曰人，何也？微之也。何为微之？不正其执人于尊者之所也，不与大夫之伯讨也。

夏，六月癸亥，公之丧至自乾侯。

戊辰，公即位。

◎殡然后即位也。定无正，见无以正也。逾年不言即位，是有故公也；言即位，是无故公也。即位，授受之道也。先君无正终，则后君无正始也；先君有正终，则后君有正始也。戊辰，公即位，谨之也。定之即位，不可不察也。公即位，何以日也？戊辰之日，然后即位也。癸亥，公之丧至自乾侯，何为戊辰之日然后即位也？正君乎国，然后即位也。沈子曰："正棺乎两楹之间，然后即位也。"内之大事日，即位，君之大事也，其不日，何也？以年决者，不以日决也。此则其日何也？著之也。何著焉？逾年即位，厉也，于厉之中又有义焉。未殡，虽有天子之命犹不敢，况临诸臣乎？周人有丧，鲁人有丧，周人吊，鲁人不吊。周人曰："固吾臣也，使人可也。"鲁人曰："吾君也，亲之者也，使大夫则不可也。"故周人吊，鲁人不吊，以其下成、康为未久也。君至尊也，去父之殡而往吊犹不敢，况未殡而临诸臣乎？

秋，七月，癸巳，葬我君昭公。

九月，大雩。

◎雩月，雩之正也。秋大雩，非正也。冬大雩，非正也。秋大雩，雩之为非正，何也？毛泽未尽，人力未竭，未可以雩也。雩月，雩之正也。月之为雩之正，何也？其时穷人力尽然后雩，雩之正也。何谓其时穷人力尽？是月不雨，则无及矣；是年不艾，则无食矣，是谓其时穷人力尽也。雩之必待其时穷人力尽，何也？雩者，为旱求者也。求者请也，古之人重请。何重乎请？人之所以为人者，让也。请道去让也，则是舍其所以为人也，是以重之。焉请哉？请乎应上公。古之神人有应上公者，通乎阴阳，君亲帅诸大夫道之而以请焉。夫请者，非可诒托而往也，必亲之者也，是以重之。

立炀宫。

◎立者，不宜立者也。

冬，十月，陨霜杀菽。

◎未可以杀而杀，举重。可杀而不杀，举轻。其曰菽，举重也。

二年，春，王正月。

夏，五月壬辰，雉门及两观灾。

◎其不曰雉门灾及两观，何也？灾自两观始也，不以尊者亲灾也。先言雉门，尊尊也。

秋，楚人伐吴。

冬，十月，新作雉门及两观。

◎言新，有旧也。作，为也，有加其度也。此不正，其以尊者亲之，何也？虽不正也，于美犹可也。

三年，春，王正月，公如晋，至河乃复。

三月，辛卯，邾子穿卒。

夏，四月。

秋，葬邾庄公。

冬，仲孙何忌及邾子盟于拔。

四年，春，王二月，癸巳，陈侯吴卒。

三月，公会刘子、晋侯、宋公、蔡侯、卫侯、陈子、郑伯、许男、曹伯、莒子、邾子、顿子、胡子、滕子、薛伯、杞伯、小邾子、齐国夏于召陵，侵楚。

夏，四月，庚辰，蔡公孙姓帅师灭沈，以沈子嘉归，杀之。

五月，公及诸侯盟于皋鼬。

◎一事后而再会，公志于后会也。后，志疑也。

杞伯成卒于会。

六月，葬陈惠公。

许迁于容城。

秋，七月，公至自会。

刘卷卒。

◎此不卒而卒者，贤之也。寰内诸侯也，非列土诸侯，此何以卒也？天王崩，为诸侯主也。

葬杞悼公。

楚人围蔡。

晋士鞅、卫孔圉帅师伐鲜虞。

葬刘文公。

冬，十有一月，庚午，蔡侯以吴子及楚人战于伯举。楚师败绩。

◎吴其称子，何也？以蔡侯之以之，举其贵者也。蔡侯之以之，则其举贵者，何也？吴信中国而攘夷狄，吴进矣。其信中国而攘夷狄奈何？子胥父诛于楚也，挟弓持矢而干阖庐。阖庐曰："大之甚，勇之甚！"为是欲兴师而伐楚。子胥谏曰："臣闻之，君不为匹夫兴师。且事君犹事父也，亏君之义，复父之仇，臣弗为也。"于是止。蔡昭公朝于楚。有美裘，正是日囊瓦求之，昭公不与。为是拘昭公于南郢，数年然后得归，归乃用事乎汉。曰："苟诸侯有欲伐楚者，寡人请为前列焉。"楚人闻之而怒，为是兴师而伐蔡。蔡请救于吴。子胥曰："蔡非有罪，楚无道也。君若有忧中国之心，则若此时可矣。"为是兴师而伐楚。何以不言救也？救大也。

楚囊瓦出奔郑。

庚辰，吴入楚。

◎日入，易无楚也。易无楚者，坏宗庙，徙陈器，挞平王之墓。何以不言灭也？欲存楚也。其欲存楚奈何？昭王之军败而逃，父老送之。曰："寡人不肖，亡先君之邑。父老反矣，何忧无君？寡人且用此入海矣。"父老曰："有君如此其贤也！"以众不如吴，以必死不如楚。相与击之，一夜而三败吴人，复立。何以谓之吴也？狄之也。何谓狄之也？君居其君之寝，而妻其君之妻；大夫居其大夫之寝，而妻其大夫之妻。盖有欲妻楚王之母者。不正。乘败人之绩而深为利，居人之国，故反其狄道也。

五年，春，王正月辛亥朔，日有食之。

夏，归粟于蔡。

◎诸侯无粟，诸侯相归粟，正也。孰归之？诸侯也。不言归之者，专辞也。义迩也。

於越入吴。

六月，丙申，季孙意如卒。

秋，七月，壬子，叔孙不敢卒。

冬，晋士鞅帅师围鲜虞。

六年，春，王正月，癸亥，郑游速帅师灭许，以许男斯归。

二月，公侵郑。

公至自侵郑。

夏，季孙斯、仲孙何忌如晋。

秋，晋人执宋行人乐祁犁。

冬，城中城。

◎城中城者，三家张也。或曰，非外民也。

季孙斯、仲孙忌帅师围郓。

七年，春，王正月。

夏，四月。

秋，齐侯、郑伯盟于咸。

齐人执卫行人北宫结以侵卫。

◎以，重辞也。卫人重北宫结。

齐侯、卫侯盟于沙。

大雩。

齐国夏帅师伐我西鄙。

九月，大雩。

冬，十月。

八年，春，王正月，公侵齐。

公至自侵齐。

二月，公侵齐。

三月，公至自侵齐。

◎公如，往时致月，危致也。往月致时，危往也。往月，致月，恶之也。

曹伯露卒。

夏，齐国夏帅师伐我西鄙。

公会晋师于瓦。

公至自瓦。

秋，七月，戊辰，陈侯柳卒。

晋士鞅帅师侵郑，遂侵卫。

葬曹靖公。

九月，葬陈怀公。

季孙斯、仲孙何忌帅师侵卫。

冬，卫侯、郑伯盟于曲濮。

从祀先公。

◎贵复正也。

盗窃宝玉、大弓。

◎宝玉者，封圭也。大弓者，武王之戎弓也。周公受赐，藏之鲁。非其所以与人而与人，谓之亡；非其所取而取之，谓之盗。

九年，春，王正月。

夏，四月，戊申，郑伯虿卒。

得宝玉、大弓。

◎其不地何也？宝玉、大弓在家则羞，不目羞也。恶得之？得之堤下。或曰，阳虎以解众也。

六月，葬郑献公。

秋，齐侯、卫侯次于五氏。

秦伯卒。

冬，葬秦哀公。

十年，春，王三月，及齐平。

夏，公会齐侯于颊谷。

公至自颊谷。

◎离会不致，何为致也？危之也。危之，则以地致何也？为危之也。其危奈何？曰颊谷之会，孔子相焉。两君就坛，两相相揖。齐人鼓譟而起，欲以执鲁君。孔子历阶而上，不尽一等，而视归乎齐侯，曰："两君合好，夷狄之民何为来？"为命司马止之。齐侯逡巡而谢曰："寡人之过也。"退而属其二三大夫曰："夫人率其君与之行古人之道，二三子独率我而入夷狄之俗，何为？"罢会，齐人使优施舞于鲁君之幕下。孔子曰："笑君者罪当死！"使司马行法焉，首足异门而出。齐人来归郓、讙、龟、阴之田者，盖为此也。因是以见虽有文事，必在武备，孔子于颊谷之会见之矣。

晋赵鞅帅师围卫。

齐人来归郓、讙、龟、阴之田。

叔孙州仇、仲孙何忌帅师围郈。

秋，叔孙州仇、仲孙何忌帅师围郈。

宋乐大心出奔曹。

宋公子地出奔陈。

冬，齐侯、卫侯、郑游速会于安甫。

叔孙州仇如齐。

宋公之弟辰暨宋仲佗、石彄出奔陈。

十有一年，春，宋公之弟辰，未失其弟也。及仲佗、石彄、公子地，以尊及卑也。自陈，陈有奉焉尔。入于萧以叛。

◎入者，内弗受也。以者，不以也。叛，直叛也。

夏，四月。

秋，宋乐大心自曹入于萧。

冬，及郑平。

叔还如郑莅盟。

十有二年，春，薛伯定卒。

夏，葬薛襄公。

叔孙州仇帅师堕郈。

◎堕，犹取也。

卫公孟彄帅师伐曹。

季孙斯、仲孙何忌帅师堕费。

秋，大雩。

冬，十月，癸亥，公会齐侯、盟于黄。

十有一月，丙寅，朔，日有食之。

公至自黄。

十有二月，公围成。

◎非国不言围。围成，大公也。

公至自围成。

◎何以致？危之也。何危尔？边乎齐也。

十有三年，春，齐侯次于垂葭。

夏，筑蛇渊囿。

大蒐于比蒲。

卫公孟彄帅师伐曹。

秋，晋赵鞅入于晋阳以叛。

◎以者，不以者也。叛，直叛也。

冬，晋荀寅、士吉射入于朝歌以叛。

晋赵鞅归于晋。

◎此叛也，其以归言之，何也？贵其以地反也。贵其以地反，则是大利也？非大利也，许悔过也。许悔过，则何以言叛也？以地正国也。以地正国则何以言叛？其入无君命也。

薛弑其君比。

十有四年，春，卫公叔成来奔。

晋赵阳出奔宋。

二月，辛巳，楚公子结、陈公孙佗人帅师灭顿，以顿子牂归。

夏，卫北宫结来奔。

五月，於越败吴于槜李。

吴子光卒。

公会齐侯、卫侯于牵。

公至自会。

秋，齐侯、宋公会于洮。

天王使石尚来归脤。

◎脤者何也？俎实也，祭肉也。生曰脤，熟曰膰。其辞石尚，士也。何以知其士也？天子之大夫不名。石尚欲书《春秋》，谏曰："久矣，周之不行礼于鲁也！请行脤。"贵复正也。

卫世子蒯聩出奔宋。

卫公孟彄出奔郑。

宋公之弟辰自萧来奔。

大蒐于比蒲。

邾子来会公。

城莒父及霄。

十有五年，春，王正月，邾子来朝。

鼷鼠食郊牛，牛死，改卜牛。

◎不敬莫大焉。

二月，辛丑，楚子灭胡，以胡子豹归。

夏，五月，辛亥，郊。

壬申，公薨于高寝。

◎高寝，非正也。

郑罕达帅师伐宋。

齐侯、卫侯次于渠蒢。

邾子来奔丧。

◎丧急，故以奔言之。

秋，七月，壬申，弋氏卒。

◎妾辞也。哀公之母也。

八月，庚辰，朔，日有食之。

九月，滕子来会葬。丁巳，葬我君定公，雨不克葬。

◎葬既有日，不为雨止，礼也。雨不克葬，丧不以制也。

戊午，日下稷，乃克葬。

◎乃，急辞也，不足乎日之辞也。

辛巳，葬定弋。

冬，城漆。

哀公卷第二十（起元年，尽十四年）

元年，春，王正月，公即位。

楚子、陈侯、随侯、许男围蔡。

鼷鼠食郊牛角，改卜牛。

夏，四月，辛巳，郊。

◎此该郊之变而道之也。于变之中，又有言焉。鼷鼠食郊牛角，改卜牛，志不敬也。郊牛日，展觓角而知伤，展道尽矣。郊自正月至于三月，郊之时也。夏四月郊，不时也。五月郊，不时也。夏之始，可以承春，以秋之末承春之始，盖不可矣。九月用郊，用者，不宜用者也。郊三卜，礼也；四卜，非礼也；五卜，强也。卜免牲者，吉则免之，不吉则否。牛伤，不言伤之者，伤自牛作也，故其辞缓。全曰牲，伤曰牛，未牲曰牛，其牛一也，其所以为牛者异。有变而不郊，故卜免牛也。已牛矣，其尚卜免之，何也？礼，与其亡也，宁有。尝置之上帝矣，故卜而后免之，不敢专也。卜之不吉，则如之何？不免，安置之，系而待六月上甲始庀牲，然后左右之。子之所言者，牲之变也，而曰我一该郊之变而道之，何也？我以六月上甲始庀牲，十月上甲始系牲。十一月、十二月牲虽有变，不道也。待正月然后言牲之变，此乃所以该郊。郊，享道也，贵其时，大其礼，其养牲虽小，不备可也。子不志三月卜郊，何也？郊自正月至于三月，郊之时也。我以十二月下辛卜正月上辛，如不从，则以正月下辛卜二月上辛；如不从，则以二月下辛卜三月上辛，如不从，则不郊矣。

秋，齐侯、卫侯伐晋。

冬，仲孙何忌帅师伐邾。

二年，春，王二月，季孙斯、叔孙州仇、仲孙何忌帅师伐邾，取漷东田。

◎漷东，未尽也。

及沂西田。

◎沂西，未尽也。

癸巳，叔孙州仇、仲孙何忌及邾子盟于句绎。

◎三人伐而二人盟，何也？各盟其得也。

夏，四月，丙子，卫侯元卒。

滕子来朝。

晋赵鞅帅师纳卫世子蒯聩于戚。

◎纳者，内弗受也。帅师而后纳者，有伐也。何用弗受也？以辄不受也。以辄不受父之命，受之王父也。信父而辞王父，则是不尊王父也。其弗受，以尊王父也。

秋，八月，甲戌，晋赵鞅帅师及郑罕达帅师战于铁。郑师败绩。

冬，十月，葬卫灵公。

十有一月，蔡迁于州来。

蔡杀其大夫公子驷。

三年，春，齐国夏、卫石曼姑帅师围戚。

◎此卫事也，其先国夏何也？子不围父也。不系戚于卫者，子不有父也。

夏，四月甲午，地震。

五月，辛卯，桓宫、僖宫灾。

◎言及，则祖有尊卑，由我言之，则一也。

季孙斯、叔孙州仇帅师城启阳。

宋乐髡帅师伐曹。

秋，七月，丙子，季孙斯卒。

蔡人放其大夫公孙猎于吴。

冬，十月，癸卯，秦伯卒。

叔孙州仇、仲孙何忌帅师围邾。

四年，春，王二月，庚戌，盗弑蔡侯申。

◎称盗以弑君，不以上下道道也。内其君而外弑者，不以弑道道也。《春秋》有三盗：微杀大夫谓之盗，非所取而取之谓之盗，辟中国之正道以袭利谓之盗。

蔡公孙辰出奔吴。

葬秦惠公。

宋人执小邾子。

夏，蔡杀其大夫公孙姓、公孙霍。

晋人执戎蛮子赤归于楚。

城西郛。

六月，辛丑，亳社灾。

◎亳社者，亳之社也。亳，亡国也。亡国之社以为庙屏，戒也。其屋，亡国之社，不得上达也。

秋，八月，甲寅，滕子结卒。

冬，十有二月，葬蔡昭公。

葬滕顷公。

五年，春，城毗。

夏，齐侯伐宋。

晋赵鞅帅师伐卫。

秋，九月，癸酉，齐侯杵臼卒。

冬，叔还如齐。

闰月，葬齐景公。

◎不正其闰也。

六年，春，城邾瑕。

晋赵鞅帅师伐鲜虞。

吴伐陈。

夏，齐国夏及高张来奔。

叔还会吴于柤。

秋，七月，庚寅，楚子轸卒。

齐阳生入于齐。

齐陈乞弑其君荼。

◎阳生入而弑其君，以陈乞主之，何也？不以阳生君荼也。其不以阳生君荼，何也？阳生正，荼不正。不正则其曰君，何也？荼虽不正，已受命矣。入者，内弗受也。荼不正，何用弗受？以其受命，可以言弗受也。阳生其以国氏，何也？取国于荼也。

冬，仲孙何忌帅师伐邾。

宋向巢帅师伐曹。

七年，春，宋皇瑗帅师侵郑。

晋魏曼多帅师侵卫。

夏，公会吴于缯。

秋，公伐邾。

八月，己酉，入邾，以邾子益来。

◎以者，不以者也。益之名，恶也。《春秋》有临天下之言焉，有临一国之言焉，有临一家之言焉。其言来者，有外鲁之辞焉。

宋人围曹。

冬，郑驷弘帅师救曹。

八年，春，王正月，宋公入曹，以曹伯阳归。

吴伐我。

夏，齐人取讙及阐。

◎恶内也。

归邾子益于邾。

◎益之名，失国也。

秋，七月。

冬，十有二月，癸亥，杞伯过卒。

齐人归讙及阐。

九年，春，王二月，葬杞僖公。

宋皇瑗帅师取郑师于雍丘。

◎取，易辞也。以师而易取，郑病矣。

夏，楚人伐陈。

秋，宋公伐郑。

冬，十月。

十年，春，王二月，邾子益来奔。

公会吴伐齐。

三月，戊戌，齐侯阳生卒。

夏，宋人伐郑。

晋赵鞅帅师侵齐。

五月，公至自伐齐。

葬齐悼公。

卫公孟彄自齐归于卫。

薛伯夷卒。

秋，葬薛惠公。

冬，楚公子结帅师伐陈，吴救陈。

十有一年，春，齐国书帅师伐我。

夏，陈辕颇出奔郑。

五月，公会吴伐齐。甲戌，齐国书帅师及吴战于艾陵。齐师败绩。获齐国书。

秋，七月，辛酉，滕子虞母卒。

冬，十有一月，葬滕隐公。

卫世叔齐出奔宋。

十有二年，春，用田赋。

◎古者公田什一，用田赋，非正也。

夏，五月，甲辰，孟子卒。

◎孟子者，何也？昭公夫人也。其不言夫人，何也？讳取同姓也。

公会吴于橐皋。

秋，公会卫侯、宋皇瑗于郧。

宋向巢帅师伐郑。

冬，十有二月，螽。

十有三年，春，郑罕达帅师取宋师于嵒。

◎取，易辞也。以师而易取，宋病矣。

夏，许男成卒。

公会晋侯及吴子于黄池。

◎黄池之会，吴子进乎哉！遂子矣。吴，夷狄之国也，祝发文身，欲因鲁之礼，因晋之权，而请冠、端而袭其藉于成周，以尊天王。吴进矣！吴，东方之大国也，累累致小国以会诸侯，以合乎中国。吴能为之，则不臣乎？吴进矣！王，尊称也。子，卑称也。辞尊称而居卑称，以会乎诸侯，以尊天王。吴王夫差曰："好冠来！"孔子曰："大矣哉！夫差未能言冠而欲冠也。"

楚公子申帅师伐陈。

於越入吴。

秋，公至自会。

晋魏曼多帅师侵卫。

葬许元公。

九月，螽。

冬，十有一月，有星孛于东方。

盗杀陈夏区夫。

十有二月，螽。

十有四年，春，西狩获麟。

◎引取之也。狩地不地，不狩也。非狩而曰狩，大获麟，故大其适也。其不言来，不外麟于中国也。其不言有，不使麟不恒于中国也。